仏教に学ぶ老い方・死に方

ひろさちや

新潮選書

仏教に学ぶ老い方・死に方——目次

第三章「人生の意味」という束縛

第四章 「世逃げ」のすすめ

第五章 老人の存在意義

第六章 仏教に学ぶ「あの世」の智恵

第七章　老いを楽しく生きるには

仏教に学ぶ老い方・死に方

挿画　二宮由希子

プロローグ　老いるという大事な「仕事」

死に向かう母と看取る娘

実の娘と二人で暮らしている老母がいます。九十四歳です。

じつは老母はわたしの妻の母で、一緒に暮らしている娘は妻の妹です。その妹は四女で、長女と次女（妻）と三女、そして長男はそれぞれ家庭を持ち、別に暮らしています。

その義母が九十四歳になって、思わしくない状態なのです。ときどき、

「早く死にたい……」

ともらすそうで、義妹も困っていました。われわれが見舞いに行くと少しは元気が出るようで、食事もとりますが、娘と二人きりだと、

「食べたくない」

と言うことも多いらしいのです。どうやら鬱の症状になっているようです。

それもわかるような気がします。これが大家族であって、四、五歳の曾孫でもいれば、曾孫

とおばあちゃんは会話が成り立つのです。会話というより、老人は老人で好きなことを喋り、幼児は幼児で勝手に喋る。そんな会話でない会話もできるのです。けれども九十四歳の耳の遠い老母と六十歳を過ぎた娘とでは、話すこともさほどありません。老人は昔の思い出を語るよりほかなく、娘にすればそれはすでに何度も聞かされた話です。だから会話になりません。

ここに「老い」の現実があります。

そして、この場合の不幸は、わたしたち日本人が家族制度を壊してしまって、二人きりで生きねばならなくなったことです。いや、もっと厳しい場合は独居老人になります。そうしたら、老人が鬱状態になったとしても当然でしょう。

そして、老人ばかりでなく、看護する者も気の毒です。義母の場合、これといった病気はありません。病気であれば病院に入ることもできますが、そうでない場合は、本人が病院や老人ホームに入りたくないと言えば、家族で介護するほかありません。その負担は、肉体的にも精神的にも苛酷です。

老人は、自分だけでは生きていけないという意味では赤ん坊と同じです。けれども老人と赤ん坊には、当然ですが決定的な差があります。

赤ん坊はプラスの方向に向かって成長します。ですが老人は「死」というマイナスの方向に進んで行くのです。

老人を看取る家族にとって、それがなによりいちばんつらいことです。老いは死に向かって進む病であれば、そこには「治る」という期待がないのです。喜びがない。いわば敗北だけが与えられる闘いです。それを看取る者のつらさ。義妹が口にしなくても、わたしにはそれがよくわかりました。

あるとき、わたしは彼女に言いました。

「おばあちゃんは、いま、一所懸命に〝死ぬ仕事〟をやっているんだよ。だから、それをしっかりと応援してあげてほしい……」

人間はみな死にます。交通事故などで即死する場合を除き、われわれは気がつかないうちに徐々に死に向かって歩いているのです。わたしはそれを、

――死ぬ仕事――

と名づけました。義母は、その「死ぬ仕事」をやっているのです。

「パンのみにて生くるにあらず」と説いたイエス

さて、この「死ぬ仕事」というものは、実質的には、

――老いる仕事――

であります。人間は一年一年、いや毎日毎日、一瞬一瞬老いていき、その究極に「死」があります。したがって、「死ぬ仕事」と「老いる仕事」は同義なのです。わたしたちは、その二

つのことばを同義語として使うことができます。

義母も（義母にとっては「死ぬ仕事」のほうがふさわしいように感じますが）、八十九歳になるわたしの母も、わたし自身も妻も、そして義母を看取る義妹も、じつはみんなが「老いる仕事」をやっているわけです。万人が、自分の「老いる仕事」をやらねばなりません。そして、これほど大事な仕事はありません。

ところが、多くの人は錯覚しています。人間にとって大事な仕事は別のことである、と。労働、すなわち働くことがいちばん大事であるというのが、世間の常識でしょう。現代日本においては、大多数の「仕事」はサラリーマンが会社に行って働くことです。ほかに、農業や工業、商業の仕事もあります。文学や芸術の創造的仕事もあれば、学問研究やスポーツの仕事もあります。でも、芸術を創造することにしても学問研究にしても、つきつめれば金のためです。ことばの粉飾をとりのぞけば、働くことが大事といった主張は、金儲けをすることが人間にとっての「大事な仕事」だと言っていることになりますよね。

でも、金儲けは、生きるための手段です。生きること、すなわち老いることこそが大事なのであって、その手段である金儲けなどわたしに言わせれば二の次です。

そのことを、『新約聖書』のなかでイエスがこのように言っています。

《人はパンのみにて生きるものではない》（「マタイによる福音書」4）

しかしこのイエスのことばに対して、現代日本人はきっとこう答えるに違いありません。

「だって、パンがなければ生きられない」

そう言ってイエスに反論した気になっているのです。馬鹿ですねえ。イエスはとっくの昔にそんな反論を予想していて、こう返すでしょう。

「生きられなければ、死ねばいいじゃないか。大事な大事な〝死ぬ仕事〟をしっかりとやりなさい」

と。わたしはそう思います。

「世間を捨てよ」と説く釈迦

われわれが働くことをなにより優先し、価値があるように考えてしまうのは、子どものころから言い聞かされてきた、

——世の中の役に立つ人間になれ——

ということばのせいかもしれません。世の中の役に立つ人間が大事で、世の中の役に立たない人間は存在価値がないと思い込むようになったのです。だから、人は老いればそれだけ役に立つ度合いが減るととらえられ、老人は価値がないと思われるのです。

しかし、そもそも「世の中の役に立つ人間」といった考え方はおかしくありませんか？ それでは、人間よりも世の中のほうが大事になってしまいます。そんな馬鹿なことはありません。

われわれは、世の中のため、国家のために生きているわけではない。わたしたちは世の中で、国家を組織し社会を使って生きているのです。世の中などより、一人一人の人間の生き、老いていく仕事のほうがずっと大事です。

その点に関しては、仏教の釈迦はちゃんと、

――出世間《しゅつせけん》――

ということを説いています。出世間というのは、世間の価値観を捨てるのです。釈迦自身、世間を捨てて「出家者」になりました。出家者とは、現代でいうと文字どおり「ホームレス」です。

古来から人々は、人間が、いったいなんのために生まれ、なんのために生きるのかを問うてきました。イエスや釈迦は、わたしたちが、なにかのためではなく死に向かって生きているということを、指し示してくれます。

「老い方」がわからなくなった現代人の不幸

おわかりになっていただけましたか。自分自身が「老いる仕事」、「死ぬ仕事」が、わたしたちにとって大事な「仕事」です。それは他人に代わってもらうことのできない、避けることもできない、最後までやりとおさねばならない仕事です。

いま、義母は、力をふりしぼって彼女の「老いる仕事」を懸命にやりつづけています。その姿はすばらしい。首相が国会でやる討論より、マラソン選手がオリンピックでメダルを獲ることより、ふつうの年寄りの「老いる仕事」のほうが、何万倍もわたしたちを揺り動かす、価値ある「仕事」なんです。われわれがそう考えられなくなったら、きっとみじめな老い方をし、みじめに死んでいくことでしょう。

わたしは義母を見舞って、そんなことを考えていました。

ところが、じつはいま、われわれはこの大事な「老いる仕事」のやり方がわからなくなっているのです。

昔の社会は大家族制度でしたから、われわれは幼いころから老人たちにまざって暮らしていました。美しく年をとる人もいれば、醜く老いさらばえる人もいました。従容《しょうよう》として死ぬ人も、のたうちまわりながら息を引き取る人もいました。そうすると、わたしたちは知らず知らずのうちに、

――どんな老い方をしたってかまわない――

――どんなふうに死んだってかまわない――

ということがわかっていったのでした。「老い方・死に方」は、じつはどうだっていいのです。それぞれの人は、それぞれの老い方・死に方しかできません。わが家に嫁いできた母と、離婚して戻ってきた伯母と、ずっと独身であった叔母と、一人一人の生きてきた人生が違うの

だから、それぞれの老い方をせねばならない。願っても、同じ老い方・死に方はできません。だから、その人がその人なりに、どんな老い方をしたってかまわないのです。

しかし、現代の核家族の中で育った人には、そこのところが見えない、わからないのです。人間を商品化し、働けるか働けないか、世のお役に立つか立たないかで価値づけすれば、老人は価値のなくなった存在ということになります。「老いる」ことがただ不安で、なんとか先延ばししたい出来事に思えるのではないでしょうか。いや、人々は老いることを恥じるようにさえなっています。

「老い方」がすっかりわからなくなった、現代の日本。

そこで、わたしは、

――「老い方・死に方」の研究――

をすることにしました。人間にとって老いるとはどういうことか？　われわれは、どのように老いたいと考えているのか？　あちらこちらに寄り道しながら、それを考察していくことにしました。

第一章　仏教に学ぶ「老いの哲学」

日本人はなぜ老いを恐がるのか

フランスの哲学者のジャン＝ポール・サルトル（一九〇五―八〇）が言っています。

《老いとは他者の侵入である》

と。けだし名言だと思います。

老人たちは、ある朝、鏡を見てぎょっとします。鏡の中に映っているのは見知らぬ他人です。自分という若者のうちに、老人という他者が侵入して来る。それが老いというものです。入れ歯がそうでしょう。あの入れ歯は、まぎれもなく他者です。白髪にしても、皺にしても、他者の侵入です。癌細胞だって、前立腺肥大症といった病気だって、他者の侵入です。

しかし、わたしは、いったんはサルトルに同意したあとで、

〈待てよ……。それ、ちょっと違うんじゃない？〉

と考えてしまうのです。あたりまえのことですが、サルトルはヨーロッパの人間で、キリスト教の影響を受けています。仏教的というかインド的というか、そういう風土の中では、サルトルの考えにはどうしてもなじめないものがあります。にもかかわらずわたしがひとまずは彼

に同意したのは、現代日本の社会が否応なく西欧的になっているからではないでしょうか。

いま、巷間には『上手に老いるために』といった類の本が氾濫しています。これは見方を変えると、いかにわれわれが老いることを恐がっているかということの現われでしょう。

本書のテーマは「老い」と「死」です。にもかかわらずわたしは、この本において「上手な老い方・死に方」を論じるつもりはありません。むしろ「人生の意味」について論じるべきだと思います。なぜかといえば、わたしは、老いというものを人間存在そのものから切り離して論ずることに反対だからです。

芋虫は蝶の幼虫です。しかし、わたしたちは、ややもすると蝶と芋虫をまるで別の生物のように思い、扱ってしまいます。それと同様に、現代日本人は、老人と若者を別の生物のように思っているのではないでしょうか。そして、「老人問題」を論じています。まるで「老人問題」は「日本人の問題」ではないかのように。「上手に生きること」と「上手に老いること」は違うことだと考えられているのですね。人生の六十五年を下手糞に生きておいて、六十五歳になってから突然、上手に老いようとするのです。それは無理な注文ですよ。

ちょっと気になるもので、「老いる」という言葉の意味を調べてみました。

《おいる〔老いる〕……①年をとる。年よる。年老いる。……②（心身が）盛りを過ぎて衰える。……③植物が枯れかかる。……④時季が終わりに近づく。……》（『大辞林』）

これで見ると、日本語の〝老いる〟は、あまりいい意味の言葉ではなさそうです。あとで考えたいのですが、日本人は昔から老いることを、ただ死に近づくことと思っていたようです。
一方、漢字の〝老〟のほうは、藤堂明保編『学研・漢和大字典』によると、
《年寄りが腰を曲げてつえをついたさまを描いた象形文字で、からだがかたくこわばった年寄り》
だそうです。そして意味としては、
《年をとってからだがかたくなる。ふける。ふけたさま。ひからびてかたいさま》
のほかに、
《長い経験をつんでいるさま。年功をへている。長くなれ親しんでいる》
《年をとって物事をよく知っている人。また、そのような人に対する敬称》
などが挙げられています。なるほど、〝長老〟だとか〝老師〟といった言葉は敬称ですね。
したがって、漢字の〝老〟は、肉体的な意味ではマイナス価値ですが、人生経験といった観点からすればプラスの価値になります。
もう一つは、英語の〝old〟です。
『小学館ランダムハウス英和大辞典』によると、
《OLD, AGED, ELDERLY は共に年をとったことを意味する。an old person は長生きをし、

寿命の末期にいる人。an aged personは非常に高齢で、ふつうなにかと老人特有の病苦をかかえている人。an elderly presonは年配ではあるが通常老年の円熟味・満足・喜びはまだこれからの人》

とあります。これはおもしろい指摘です。

年をとるということは、物理的な意味では、たんに時間が経過することです。わたしたちは、一年経てば一年分、一か月すれば一か月分、一日が過ぎれば一日だけ年をとります。そして、それだけ死に近づくのです。この時間の経過だけを表す言葉が〝ELDERLY〟です。

けれども、時間が経過すれば、必ずそこに変化が現われます。

その変化のうち、肉体的な変化を表す言葉が〝AGED〟です。人間は年をとれば、必然的に腰が曲がり、体力が衰え、気力も衰えるものです。そして病気に悩まされるようになります。

この意味での「老い」は、マイナス価値のものです。

しかし、「老い」はマイナス価値だけではありません。精神的な意味では、プラスの価値になるはずです。すなわち、わたしたちは老いることによって人間が円熟します。人生に満足し、感謝のこころ、喜びが湧いてきます（ぜひともそうなりたいですね）。そのような「老い」が〝OLD〟でしょう。

漢字の〝老〟や英語の〝OLD〟には、いい意味と悪い意味があります。肉体的にはよくないけれども、精神的な意味では老いはいいことです。そういえば、英語の〝OLD〟は物につけば中古品、ポンコツを意味します。着古した衣類は古着《ふるぎ》（old clothes）ですね。しかし、人間につけられた場合、「智恵のある人」になります。

ところが、日本語の〝老い〟には、あまりいい意味がありません。いや、日本だって、江戸時代には大老や老中がおり、家老といえば重臣であった――と指摘する人がいますが、しかしそこで使われているのは〝老〟という漢字であり身分称号であって、純粋な日本語とは言えないようです。

だからこそ、「お若く見えますね」がふつうにお世辞の言葉になるのです。これは日本人が、老いを肉体面だけで捉えているからでしょう。

そういえば、ふと思い出したのですが、ギリシア神話にスフィンクスの謎々がありました。スフィンクスは、女の顔と獅子の身体、それに翼をもった怪物です。そしてスフィンクスは、人々に謎をかけて、その謎を解けない者を食い殺していました。その謎とは、

「一つ声をもち、朝には四つ足、昼には二つ足、夜には三つ足となるものは何か？」

といったものです。ところが、誰もこの謎を解けません。それでスフィンクスに食い殺されていたのですが、あるとき、オイディプスがこの謎を解きます。それでスフィンクスは恥じて、身を投げて死んだとされています。

さて、スフィンクスの出した謎の正解は「人間」です。なぜなら、幼時には四つ足で這い、長じては両足で歩き、老いては杖を引くから、というわけです。

なんだ、馬鹿々々しい。こんな簡単な謎が解けないのか⁉　と、わたしは思っていたのですが、現代日本人にはあんがいこの謎が解けないかもしれません。

われわれの社会は、幼児と老人を人間扱いしていない。人間ではない、まるで別の生物のように扱っています。それじゃあ、幼児と老人を除いた人間とは何でしょうか？

それは、働ける人間です。

あるいは、世の中の役に立つ人間です。

つまり、働けるあいだは、世の中の役に立つかぎりにおいては人間として扱ってもらえますが、まだ働けない者、もう世の役に立たなくなった者は、未成年者、老人として扱い、人間扱いしてもらえません。それが現代日本の社会なのです。

日本人は人間を物体的に受け取っている。現代の日本においては、人間の商品化が浸透しています。つまり人間の価値が商品価値で測られることにほかなりません。

そうすると、当然のことに、老いは「価値の減少」になってしまいます。

人間が商品化され、人間の価値が商品価値でもって評価される社会においては、老いるということは商品価値の低下を意味します。それは中古車と同じです。走行距離何万キロの中古車は、新車にくらべて値段が安いのです。まあ、それがクラシック・カーであれば骨董品的値段がつくかもしれませんが、ほとんどの老人はポンコツ扱いされるだけです。そうですね、人間国宝なんていうのは、いわばクラシック・カーかもしれません。でも、これは、商品価値で考えるからですよ。人間、商品にされてしまうと、世の中の役に立たない人は基本的に商品価値がゼロになってしまいます。

あるいは、換言すれば、老いは「人間のゴミ化」です。

そして、日本の老人たちは粗大ゴミ扱いされたくないので、俺はまだまだ若いんだ、商品価値があるんだぞ、と世の中にアピールするために必死になってがんばっています。なかには「生涯現役」なんて言っている人がいます。

どうしてがんばらねばならないのですか？

世の中の役に立たなくてもいいではないですか？

わたしたちは、ここで抜本的に考え方を改めるべきです。

「老・病・死」の万人性

ここで、結論を先取りする形で、わたしが「老い」をどのように考えているかを提示しておきます。いや、「老い」ではなくて、

——老死——

です。わたしは「老い」を独立して扱うべきではない、必ず「老死」といった形で、老いと死とをワンセットにして考えるべきだと思っています。もっと言えば、「老・病・死」をワン

セットにしたほうがいいと思います。しかし、いちいち〝老・病・死〟と表記するのは煩瑣なもので、簡潔に〝老死〟としておきます。

では、いったい「老死」とはどういうものか……?

まず指摘しなければならないのは、

——老死の万人性——

です。つまり、誰だって老いるし、誰だって死ぬのです。そして、誰だって病気になります。

けれども、そのように言えば、ときに反論がなされるかもしれません。若くして死ぬ人もいるのだから、誰もが老いるわけではない、と。若くて健康なうちに交通事故で死ぬ者もいる。病気にならない者もいる、と。

だが、その反論は、人間の商品価値を前提にしたものです。老いることは商品価値の低下であり、粗大ゴミになることだと思われています。その意味での老いですから、退職年齢以後が老いになります。今日の行政では、六十五歳以上が「老人」とされます。より細かく言えば、六十五歳以上、七十四歳までが前期高齢者で、七十五歳以上が後期高齢者になります。

『厚生白書』(平成十二年版)によりますと、わが国の高齢化は急速に進行しているようです。六十五歳以上の老人が全人口に占める比率(高齢化率)は、

一九五〇年……　四・九％
一九七〇年……　七・一％
二〇〇〇年……一七・二％

です。そして、これは将来推計ですが、

二〇二〇年……二六・九％

となり、ピークに達するそうです。

けれども、老いるということは、そんな行政的な意味での高齢者になることではありません。わたしたちは誰もが、日一日と老いているのです。一年たてば一年老います。それが老いの万人性です。誰もが老いる――。われわれは老いをそのようなものと認識すべきです。

死の万人性は、これは説明する必要はありませんね。誰もが死ぬ、ということを認めない人はいないでしょう。

しかし、病の万人性については、説明が必要かもしれません。われわれ現代人は、病気といえばウイルスや細菌によって引き起こされる病気を考えます。そして、そういった病気は医療によって治癒するものと思っています。

けれども、そんな病気ばかりではありません。たとえば前立腺肥大といった症状は男性ホルモンによって起きるものです。それ故、かりに人間が百五十歳まで生きれば、男性の全員が前立腺肥大になるそうです。でも、百五十歳以前に人間は死にますから、前立腺肥大にならずに死ぬ人もいるのです。そういえば癌も同じです。人間が百五十歳まで生きると、ほとんどの人が癌になります。

つまり、じつは誰もが病気になるのです。たまたま悩むほどの病気にならずに、若くして死んでしまう人もいます。だからといって病むことの万人性を否定する必要はないのです。

これが老死、ないしは老・病・死の万人性です。

仏教は「四苦八苦」と教えている

次に指摘すべきは、

——老死の不可逆性——

です。人間は老いと死に向かって、まっしぐらに進んで行きます。絶対に反対方向に向かっては進みません。

ところが、にもかかわらずわれわれは、これを反対方向に進めたいと思うのです。あるいは、老・病・死の進行を遅らせたいと願います。いつまでも若くいたい。病気になりたくない。病気になれば、それを治したい。そして、死にたくない。それがわれわれの欲望です。じつは、仏教というのは、この「老死の不可逆性」にもとづく教えなんです。ここで、仏教の基本教理を解説しておきます。

仏教の基本教理は、

――四諦《したい》――

です。〝諦〟とは、サンスクリット語の〝サティヤ〟の訳語で、これは「真理」といった意味。したがって〝四諦〟とは、「四つの真理」です。

1 苦諦……人間の生存が「苦」であると教えた真理。
2 集諦《じったい》……その「苦」の原因に関する真理。
3 滅諦……「苦」の原因の滅に関する真理。
4 道諦……「苦」の原因を滅する方法を教えた真理。

これが「四諦」です。一つ一つ見ていきましょう。

1 苦諦（苦に関する真理）

人間の生存が「苦」であると教えたものです。わたしは第三章で、モームの『人間の絆』を援用しました。あそこで、学者が死の床に横たわる国王に、人間の歴史を要約して、

《人は、生れ、苦しみ、そして死ぬ》

と言いました。まさにそれが、「苦諦」です。苦しむことがすなわち人生です。人生とは苦しむことなんです。

ところで、「四苦八苦」といった言葉があります。「金策に四苦八苦する」といったように使われ、「非常な苦しみ」を意味しますが、じつはこれは「苦」の諸相を言ったものです。

まず、基本的な「苦」として、仏教では「四苦」を数えます。

a　生苦……生れるときの苦しみ。

b　老苦……老いる苦しみ。

c　病苦……病むことの苦しみ。

d　死苦……死の苦しみ。

このうちの「生苦」は、われわれが母胎から誕生するときに味わった苦しみで、過去の苦しみです。そして「死苦」は、死ぬときに味わう苦しみで、未来の苦しみ。現在体験している苦しみは、老苦と病苦です。

この四苦が根源的な苦しみであり、これにさらに四苦が加わると八苦になります。追加される四苦は、

e　愛別離苦……愛する者との別離の苦しみ。

f　怨憎会苦《おんぞうえく》……怨み、憎む者に会わねばならぬ苦しみ。

g　求不得苦《ぐふとく》……求めるものが得られない苦しみ。
h　五陰盛苦《ごおんじょうく》……〝五陰〟はわれわれを構成する「肉体と精神」、そのすべてが苦であること。

です。したがって、この世の一切合財が苦であります。つまり、「一切皆苦」です。

だが、ちょっと考えてみてください。たとえば、老いることが苦であるとされますが、老いるというのは時間がたつだけのことです。われわれは毎秒毎秒老いているのですが、その毎秒毎秒が苦しみでしょうか。赤ん坊が老いるのは〝成長〟と呼ばれ、楽しみですよね。

病気だって、自覚症状のない病気もあります。したがって、苦しくない病気もあるわけです。

では、なぜ、老苦や病苦と言うのでしょうか……？

じつは、ここで〝苦〟と訳されている言葉の原語はサンスクリット語の〝ドゥフカ〟、パーリ語の〝ドゥッカ〟ですが、その原語には「苦」といった意味はありません。原語の意味は、

――思うがままにならないこと――

です。そう言われると、納得できますね。老いも病いも死も、思うがままになりません。それは「不可逆性」です。愛する者との別離だって、怨み・憎む者に会うことだって、思うがままにならないことです。

わたしたちは、その思うがままにならないものを思うがままにしようとして、苦しんでいるのです。それで中国人は、〝苦〟と訳したわけです。

人生はすべてが思うがままにならないものです。それが「苦諦」です。

2　集諦（苦の原因に関する真理）

〝集〟というのは「原因」です。物事はさまざまな因縁（原因と条件）が集まって構成されます。それで〝集〟がその因縁の意味になります。

では、苦の原因は何でしょうか？

それは、古来、「欲望」であると言われてきました。

たしかに、欲望であり執着がほとんどの苦しみの原因ですが、それだけを言ったのではちょっと不親切です。

先程述べたように、苦というのは思うがままにならないものを思うがままにしようとするから苦になるのです。だとすれば、苦の原因は、まさに思うがままにならないものを思うがままにしようと思う心です。

ということは、思うがままになることは思うがままにすべきです。思うがままになるものを思うがままにしようとしないのは、怠慢です。たとえば、喫煙がそうです。たばこはやめようと思えばやめられます。たばこがやめられないのであれば、それは麻薬です。たばこ産業を訴えるとよいでしょう。たばこ産業は、やめようと思えばやめられるものだから、喫煙者が勝手に吸っているのだと主張しています。それ故、たばこを吸っている人は、やめようと思えばやめられるのに、そのような努力はしないでわざと他人に迷惑をかけているのです。

ともあれ、苦の原因は、思うがままにならないことを思うがままにしようとする心です。そう教えているのが「集諦」なんです。

3　滅諦（苦の原因の滅に関する真理）

苦の原因が、思うがままにならないものを思うがままにしようとする欲望であれば、その欲望を滅すれば苦がなくなるわけです。それを教えたのが第三の「滅諦」です。

たとえば病気です。病気そのものは苦しみではありません。たしかに痛みをともなう病気もありますが、苦しみと痛みは違うものですよね。病気が苦になるのは、われわれがそれを早く治したいと思うからです。思うがままにならない病気を、われわれが思うがままにしたいと思います。その瞬間、病気が苦になります。

だから、われわれがそれを思うがままにしようとしなければいいのです。欲望を滅すればいいのです。

ただし、滅するといっても、その程度が問題です。じつはこの〝滅〟といった言葉の原語は、サンスクリット語の〝ニローダ〟であって、これはむしろ「コントロールする」という意味です。病気になって、病気が思うがままにならないことを知るのは大事なことです。どうしても病気を克服してやるぞと思うのはよくありません。けれども、ちょっとした病気で生きる意欲まで失ってしまうのは行き過ぎです。ですから、どの程度に欲望を減らせばよいか、その理想の状態を知っておくのが大事なことです。肥満体を克服しようとして拒食症になり、栄養失調になってはいけません。どの程度の体重が理想か、それを知るのが「滅」だと思ってください。

4　道諦（苦の原因の滅の方法に関する真理）

四諦の最後は「道諦」です。〝道〟とは「方法」の意味です。苦の原因を滅する方法は、いわゆる、

――八正道――

と呼ばれるものです。八つの正しい実践徳目です。

a　正見《しょうけん》……正しいものの見方です。あたりまえのことですが、われわれはまず物事を正しく見なければなりません。老いや病気をマイナス価値と見るのは、正しい見方ではありません。

b　正思《しょうし》……正しい思惟です。

c　正語《しょうご》……正しい言葉です。

d　正業《しょうごう》……正しい行為です。

e　正命《しょうみょう》……正しい日常生活です。

f　正精進《しょうしょうじん》……正しい努力です。「精神一到何事か成らざらん」というのは正しい努力ではありません。がんばってはいけません。ゆったりとした努力が大事です。昨今の日本人に

対しては、「もっと怠けなさい」というのが正精進になりそうです。

g　正念《しょうねん》……正しい注意力です。うっかり、ぼんやりを戒めています。

h　正定《しょうじょう》……正しい精神統一です。しかし、過度の精神統一はいけません。

以上の八つです。じつは、この八正道の基底には、

――中道――

の精神があります。中道というのは極端を排することです。がんばり過ぎてもいけないし、怠け過ぎてもいけません。また、極端に正しいものの見方や考え方もよくないのです。実際には「中道」はなかなかむずかしいものですが、その「中道」こそが仏教の基本精神であることを忘れないでください。

すべては「空」という仏教の哲学

「老死の不可逆性」ということから、話が仏教の「四諦」の教理に行きました。もう一度、元に戻ります。

さて、第三に指摘すべきは、

――老死の内在性――

です。わたしは、老死というものは人間の内部に存在していると考えています。われわれは

一瞬一瞬、老いに向かっているのです。そして死に近づいています。だから、生きていることがすなわち老いることであり、同時に死ぬことです。

ちょうど氷が融けて水になるようなものです。氷が一瞬に水に変化するのではありません。最初、一〇〇パーセント氷であったものが、氷と水の割合を徐々に変え、そして最後に水一〇〇パーセントになります。それと同じく、〈生一〇〇％・死〇％〉→〈生七五％・死二五％〉→〈生四〇％・死六〇％〉→〈生一五％・死八五％〉→〈生〇％・死一〇〇％〉と連続的に変化します。その変化のプロセス（過程）がほかならぬ老いです。

したがって、死はすでに生のうちに内在しています。それがわたしの考え方です。

ところが、サルトルはこれと反対を言っています。《老いとは他者の侵入である》と。

なぜでしょうか……？

じつは、サルトルが老いを外因的に捉えたところに、西洋・キリスト教文明の考え方の特色があります。そして、その点が仏教と大きく違っているところです。

そこで、われわれは、そこのところをしっかりと考察したいと思うのです。その前に、「老死」についてもう二つのことを指摘しておきます。それは、一つは、

——老死の価値中立性——

です。老死はいいものでもなく、また悪いものでもありません。プラスの価値でもないし、逆にマイナス価値でもありません。中立的・無記的なものです。

このことは、仏教の、

――「空」――

の思想によって説明できます。

仏教の「空」は、いささか難解な哲学です。これを正確に説明しようとすれば一冊の本が必要になりますが、いま、ここでは、「空」とは、

――ものに物差しがついていない――

といった意味だと理解してください。物差しは各自が勝手に持っているのです。

三つの洗面器に、摂氏十度の水、三十度のぬるま湯、四十度の湯を入れておきます。左手を十度の水に入れ、右手を四十度の湯に浸けておきます。五、六分そうしておいて、次に左右の手を真ん中の三十度のぬるま湯に入れます。そうすると、その三十度のぬるま湯を、左手は熱いと感じ、右手はぬるいと感じるでしょう。

このように、三十度のぬるま湯は熱いもぬるいもありません。三十度の湯に物差しがあるのではなく、左手と右手がそれぞれ違った物差しを持っているから、そうなるのです。

これが「空」です。三十度の湯に物差しがついているのではなく、湯そのものは「空」なんです。われわれは「空」なるものを、それぞれの物差しでもって測っているのです。

ここに一千万円の札束があります。しかし、これは「空」です。つまり、大金でもはした金でもない。ある人がそれをはした金にし、別の人はそれを大金にするのです。

「幽霊の正体見たり枯れ尾花」と言います。びくびくした心で見れば、「空」なるものが幽霊に見えます。だが、強い心で見れば、それは枯れ尾花です。でも、〝枯れ尾花〟なんてしゃれた名前（枯れすすきですよ）を知らない人には、それはただの枯れた雑草になるわけです。

ついでに言っておきますが、幽霊など実際にはいない――と主張する人がいます。でも、仏教はそうは考えません。幽霊が見えている人にとっては、現実に幽霊が「いる」のだし、見えない人には見えない、したがって「いない」のです。すべてが「空」だというのが、仏教の基本哲学です。

「老い」はいいことでも悪いことでもない

したがって、老死は「空」なんです。いいも悪いもありません。

その「空」なるものを、われわれは自分勝手な物差しでもって、いい・悪いと価値づけているのです。

そして現代日本においては、ほとんどの日本人が「商品価値」といった物差ししか知りません。その物差しでもって測った結果、老いはマイナスなので、老いそのものがマイナス価値だと思ってしまっています。誰も彼もが老いをいやなもの、忌わしきものと考えて、露疑わないのです。

ですが、老いは「空」です。価値中立です。そして、仏教語の〝空〟の原語はサンスクリット語の〝シューニャ〟ですが、これは「ゼロ」といった意味です。

わたしたちはその時代、その社会において生きており、その時代、その社会が持っている物差しに影響されています。いえ、影響されるというより、洗脳されてしまって、その時代、その社会がわれわれに押し付けた物差しを絶対的に正しいと信じ込まされているのです。その結果、われわれは人間を一個の商品と見て、老いることは商品価値の低下につながると見てしまう。なんと愚かしいことでしょう。

換言すれば、人生の価値を測定する絶対的な物差しなんて存在しないのです。

ある人々（現代日本人）は、商品価値という物差しでもって人間の価値を決めています。年収の多い人の価値が高く、働けない人、働いてはいてもあまり収入が高くない人の価値は低いのです。したがって、身障者や老人の価値が低くなります。

別の人々は別の物差しを持っています。たとえば、中国大陸や朝鮮半島の文化では、老人や年長者を尊敬します。その点では日本人と反対の物差しを持っています。

だが、注意してほしいのは、日本人の物差しより中国人の物差しのほうが正しい――というのではありません。すべての物差しは相対的なものであって、絶対的な物差しは存在しないのです。

それが仏教の教える「空」の考え方であり、価値中立性です。

わたしたちは、この「老死の価値中立性」をしっかりと認識しておかねばなりません。

家族が崩壊して、老いは社会問題になった

最後にもう一つ指摘しておきたいのは、

――老死の家族性――

です。人間は家族の中で老い、家族の中で死んでいきます。いや、人間は、家族の中でしか老いることはできないし、死ぬこともできないのです。

ところが、現代の日本においては、この家族が崩壊しています。明治以後、日本人は必死になって家族を崩壊させせました。

なぜそんなことをしたのかと言いますと、明治・大正・昭和前期の天皇制軍事国家は、国民を全部「臣民」「天皇の赤子」にして、直接支配したかったからです。そのためには家長権が邪魔になります。家長権とは、家長が家族に対して持っている支配権です。この家長権が確立されていれば、早い話が、いちばん偉いのはわが家の家長であって、天皇なんてどうでもいい人です。国民は天皇を尊敬しません。だから、天皇を尊敬させるために、家長の権限を阻む必要があります。また、徴兵するときも、家長が指名した者が兵役に就くことになると、国家の欲しい人材が得られません。だから、天皇制国家は、家を崩壊させ家長権を奪って国民を天皇

の赤子にして、国家が直接その天皇の赤子を管理する体制に変えたのです。

つまり、日本人は家を失って丸裸にされ天皇の赤子にされてしまいました。わたしはそれを、

——蝸牛《かぎゅう》（カタツムリ）から蛞蝓《なめくじら》（ナメクジ）へ現象——

と呼んでいます。蝸牛は家を持っていますが、蛞蝓は丸裸です。だから、塩に弱いのです。塩は国家権力です。

ところで、家族とは、どのような単位でしょうか？　いまの日本人は、二、三人あるいは四、五人の核家族を標準に考えますが、そんなものは本当の家族ではありません。家族といえば、だいたいが四、五十人だと思ってください。なぜなら、かつては子どもが六、七人いるのが通常で、その子たちが結婚して三組、四組の夫婦になり、それぞれが七人ぐらい子を生めば、三世代で三十人は超えました。そこに次の世代の子どもたちの一部が加わると、四十人、五十人の家族になります。ただし、家族が全員同じ家に住まなくてはならないわけではありません。別居していても家族は家族です。現代日本人は同居家族だけが家族だと思っていますが、それはまちがいです。

わたしは知人のパキスタン人に、「きみの家族は何人なの……？」と、なにげなく尋ねたことがあります。彼は、「よく知らない」と答えて、

「二百人かな？　二百五十人くらいいるかな……？」

と言うのです。びっくりしましたが、社会学者はインドやパキスタンは大家族制の国だと指

摘しています。
四、五十人の家族ならば、あまり失業の心配はありません。かりに失業しても、家族によって生活が支えられます。また、生命保険などに加入する必要もありません。
天皇制が崩れた戦後日本は、本当を言えば家族制度をしっかりと再構築したほうがよかったのです。しかし、そうすると人々はあまり無理して働きませんから、経済発展のためには家族制度は障害になります。それで、人々に勤労意欲を持たせ、テレビや電化製品の売り上げを増やすために、核家族化を推進しました。

その結果、日本では完全に家族が崩壊してしまったのです。

そうすると、いろいろ困ったことが出てきます。老いに関して言うなら、しっかりとした家族があれば、元気な老人が介護を必要とする老人の面倒を見ることができます。四、五十人の家族のうちには、五、六人の現役を引退した老人がいますから、彼らが順繰りに介護を必要とする老人の面倒を見ればいいのです。だが、四、五人を単位とする核家族では、それは不可能になります。

わたしの言う「老死の家族性」とは、そういうことです。人間は家族の中で老い、家族の中で死んできたのです。そうであれば、なにも「老死」は問題ではありません。ごくごく自然の事象なのです。

だが、家族の紐帯《ちゅうたい》を壊してしまった現代日本社会においては、老いが社会問題になってしまいます。人間はうかうか老いることができなくなりました。

それが日本の悲劇です。

以上、わたしは、「老死」について五つのことを指摘しました。

1　老死の万人性。

2　老死の不可逆性。

3　老死の内在性。

4　老死の価値中立性。

5　老死の家族性。

しかし、3の「老死の内在性」については、説明を省略しました。次章でこれについて考察することにいたしましょう。

第二章　老いと闘う一神教徒、老いを憎む日本人

楽園から追放されたアダムとイヴ

アダムとイヴ。ご存知、『旧約聖書』に登場する人類第一号です（〝イヴ〟はヘブライ語で、ラテン語では〝エヴァ〟となる）。

『旧約聖書』は、ユダヤ教、キリスト教、イスラム教に共通する聖典です。ただし、『旧約聖書』という呼称はキリスト教のもので、新たに『新約聖書』をつくったので、すでにある聖典をこう呼びました。ユダヤ教徒もイスラム教も『新約聖書』を認めていませんから、彼らにとっては「旧約」ではありません。けれども、日本においては、『旧約聖書』『新約聖書』というキリスト教式の呼び方が一般的ですから、それに従うことにします。

さて、『旧約聖書』の巻頭には「創世記」が置かれ、神による天地の創造が述べられています。神は天地を創造し、植物や動物を創り、そのあと、土の塵からアダムを造り、その男の骨でもってイヴを造られたのです。最初の人類は、しばらくはエデンの園に住んでいました。そこは楽園です。

だが、アダムとイヴは神に対して罪を犯します。神が禁じておられた知恵の木の実を食べてしまうのです。
そこで神は、二人をエデンの園から追放しました。同時に、二人に罰を与えます。
アダムに向かって、神はこう言っています。
《「お前は女の声に従い
取って食べるなと命じた木から食べた。
お前のゆえに、土は呪われるものとなった。
お前は、生涯食べ物を得ようと苦しむ。
お前に対して
土は茨とあざみを生えいでさせる
野の草を食べようとするお前に。
お前は顔に汗を流してパンを得る
土に返るときまで。
お前がそこから取られた土に。
塵にすぎないお前は塵に返る。」》（「創世記」3）
一方、イヴに向かっては、神はこう言っています。
《「お前のはらみの苦しみを大きなものにする。
お前は、苦しんで子を産む。

お前は男を求め
彼はお前を支配する。」》（同上）

ここで神は女性に、「男に支配される」苦しみを与えます。これに対してウーマンリブの人々は、これは女性差別だと息巻きます。なるほど、差別といえば差別です。でもね、この言葉を裏返しに読めば、男性は女性を支配せねばならない苦しみを与えられたのです。そして〝支配する〟というのは、〝扶養する〟と同義です。男は女を扶養する苦しみを与えられたのであって、わたしに言わせるとこれは男性差別です。そう思われませんか……。

働く権利か？ 怠ける権利か？

かくて、エデンの園を追放された人間、とくに男性は、額に汗して働かねばならなくなりました。明らかにこれは、

——労働懲罰説——

です。『旧約聖書』は、労働というものを神が人間に科した懲罰ととらえています。ということは、ユダヤ教・キリスト教・イスラム教は、労働を懲罰と受け取っているのです。

もっとも、ユダヤ教とキリスト教とイスラム教のあいだでは、少し考え方に差があります。さらに、この三つの宗教は世界のあちこちに広まっていますが、それぞれの土地で、それぞれ

の民族によって、労働懲罰説の度合いにかなりな差があります。たとえば日本のクリスチャンは、労働を神から与えられた懲罰だなどと思っていません。日本の神道の考え方は、

――労働神事説――

です。働くことが神事、神に事《つか》えることなんです。だから、日本の社会規範の中で育った日本人は、たとえクリスチャンであっても労働懲罰説を受け容れられないのです。

いつか、フランス人と対談したとき、わたしは、日本の会社には「窓際族」と呼ばれる人がいると話しました。このことばは国語辞書にも載っています。

《窓際族……一応の肩書きをもちながら、実質的な仕事を与えられず遊軍的な立場におかれた中高年サラリーマンを揶揄的にいった語》(『大辞林』)

するとフランス人はこう言いました。

「その人はどれだけ会社に貢献したので、そのようなポストをいただけたのですか？」

窓際族を、恵まれたポストと勘違いしているのです。

わたしは、「いや、本人は針の筵《むしろ》に座らされている気持ちなんだ」と説明しましたが、通訳が〝針の筵〟が訳せないと言うので、「それじゃあ、〝地獄〟にしておいてください」と言いました。

それに対してフランス人は、

「いや、地獄ではない。それは天国だ」

と言い張り、「天国か？　地獄か？」と議論になったことがあります。

そのときに思ったのは、やはりヨーロッパの人々は「労働懲罰説」に立っているんだなあ……ということです。仄聞によると、スペイン人は懸命に働く日本人を見て、

〝カスティガードル〟

と呼ぶそうです。「神に罰せられた人」といった意味です。

とはいえ、この「労働懲罰説」は、だいたいの傾向であって、民族によって、時代によって個人によって差があります。

たとえば、あのカール・マルクス（一八一八—八三）ですが、彼は「労働懲罰説」ではなかったようです。というのは、フランス労働党の創立者のポール・ラファルグ（一八四二—一九一一）が、ちょっぴりマルクスを批判して言っています。われわれ労働者が本来要求すべきは、

——怠ける権利——

であったはずだが、それをマルクスはまちがって「働く権利」を要求しちゃった、と。

でも、誤解しないでください。ラファルグはマルクスに敵対しているのではありません。ラファルグはフランスにおいてマルクス主義の普及に努めた人物で、それに彼はマルクスの娘のラウラと結婚しており、マルクスは岳父にあたります。基本的にはラファルグはマルクスを受け容れながら、マルクスの勤勉さ——それはドイツ人の性格でしょうか——にちょっと辟易したのでしょう。

なお、ラファルグには『怠ける権利』という著作があります。やはりラファルグのほうは、根っからのフランス人なんですねぇ……。

乾燥の砂漠と湿潤のモンスーン地帯

労働懲罰説からすれば、老いというものは労働からの免責を意味するようです。人間は強制労働場という刑務所に収容されているのですが、おまえは年をとったからもう働かなくていいよ……と、刑務所から釈放される。それが老いになりそうです。

そういえば、二〇〇四年三月二十六日の「毎日新聞」(夕刊)におもしろい記事がありました。フランスで消防士が待遇改善を求めてデモを行ない、警察が催涙ガスを発射し、警察と消防の激しい衝突がパリの街で繰り広げられた、というのです。警察と消防の対立なんて日本では考えられませんが、デモの理由が、

《……AP通信によると、消防士は危険な仕事であることを理由に、現行より5歳若い「50歳定年制」などを求めてデモを行った》

というのです。これも日本では考えられないことですね。

労働懲罰説についてはこのくらいにして、ここでは、『旧約聖書』において、神が人間にいのちを与えられたということの意味を考察することにします。

さて、ユダヤ教・キリスト教・イスラム教においては、人間は神からいのちを授かりました。しかし、同時に人間は罪を犯したことにより、神から懲罰を受け、エデンの園を追われました。これは何を意味するでしょうか？　わたしは、それは、人間が、

——自然——

と闘いながら生きることを宿命づけられたのだと思います。

こう言うと、日本人にはちょっと奇異に聞こえるかもしれません。なぜなら、じつは日本人の自然観と『旧約聖書』のそれとが、まるで違っているからです。

『旧約聖書』の自然観は、砂漠に代表されるものです。

もちろん、砂漠といっても、砂砂《すな》漠もあれば礫《れき》砂漠もあり、オアシスもあれば都会だってあります。日本人は砂漠といえば、鳥取県の砂丘や童謡の「月の砂漠」を連想しますが、あのような砂漠は砂漠のなかのごく一部。しかし、何にせよ砂漠は、基本的には人間という生物に敵対するものです。

それに対して、仏教の発祥の地であるインドのガンジス河中流域の自然は、モンスーン地帯のそれであり、基本的には「恵みの自然」なのです。

このことを指摘したのは、倫理学者であり文化史家であった和辻哲郎（一八八九—一九六〇）でした。彼は名著『風土』において、モンスーン地帯の風土の特性を、

——湿潤——

と捉えました。この湿潤は、ときには大雨・暴風・洪水・旱魃《かんばつ》となり、自然の暴威にもなりますが、しかし湿潤によって人間は生かされるのです。

けれども、砂漠は、本質的には、

——乾燥——

の世界です。そしてその乾燥は死の脅威でもって人間に迫ります。したがって人間は、みずからの内にある生の力でもってこの死の脅威と闘わねばなりません。それが砂漠における生き方です。

次ページの図をご覧ください。ユダヤ教・キリスト教・イスラム教の一神教と仏教とでは、ちょうど反対になっています。一神教のほうでは、「生の力」は神によって人間に与えられたものです。そして人間は、その「生の力」でもって「死の原理」である自然と闘います。したがって、死は人間の外側にあります。

ところが、仏教においては、「死の原理」は人間の内側にあります。逆に自然のほうは、人間に恵みを与え、人間を生かしてくれるのです。そして、その自然がそのまま仏です。あるいは、仏は自然を通じてわたしたちに恵みを与えてくださり、わたしたちを生かしてくださっているのです。そのように説明したほうがいいかもしれません。

ユダヤ教・キリスト教・イスラム教
自然←闘→人間
生の力
死の原理
神によって
与えられた
〈生の力〉

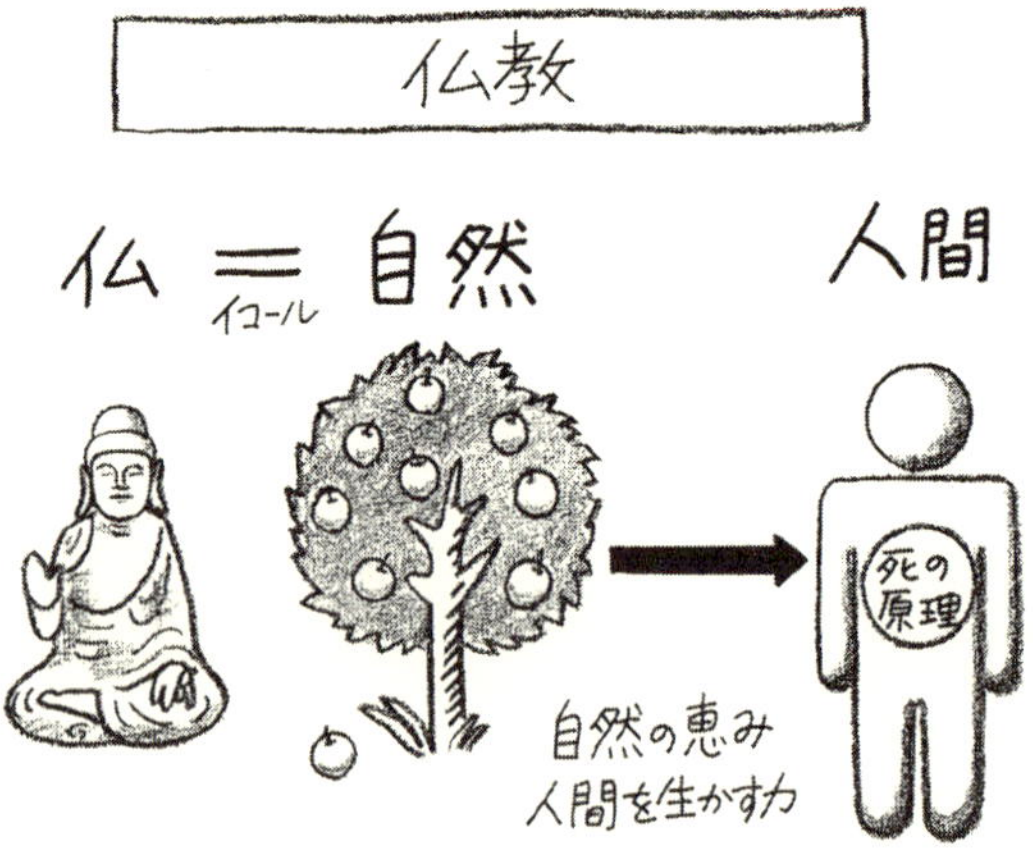
仏教
仏＝《イコール》自然
人間
死の原理
自然の恵み
人間を生かす力

自然と闘うのが一神教の生き方

　ところで、ヨーロッパは砂漠ではありません。けれどもヨーロッパにはキリスト教が浸透したので、ヨーロッパ人の自然観は一神教の砂漠の自然観になってしまったようです。

　つまり、ヨーロッパ人の考える自然は、基本的には死の脅威でもって人間に迫るものです。〝自然〟は英語で言えば“nature”ですが、その語には「野生」「未開」といった概念が含まれています。したがって、英語の“wild”フランス語の“sauvage”が日本語の〝自然〟に相当するかもしれません。

　その点でおもしろいのは、日本語では〝天気〟といえば、普通は「よい天気」「晴天」を表します。「荒天」あるいは「雨天」は、わざわざ〝悪い天気〟と言わねばなりません。ところが、英語の“weather”は、基本的には「暴風雨」「嵐」「荒天」です。よい天気を言う場合は、わざわざ“fine weather”“good weather”と言わねばなりません。これは、日本人は天気（自然）はいいのがあたりまえと思い、ヨーロッパ人は天気（自然）は悪いのがあたりまえと考えているからでしょう。

　前章の冒頭で、フランスの哲学者のサルトルの言葉を紹介しました。彼は、

《老いとは他者の侵入である》

と言いましたが、なぜ彼がそのように考えたかは、いま述べたヨーロッパ人の一神教的自然観でおわかりいただけるでしょう。サルトル自身は無神論者ですが、しかし彼は一神教の自然観の影響を受けています。知らず知らずのうちに、一神教の思考をしているのだと思われます。

一神教の考え方だと、人間はいのちを神から授かったのです。このいのちに対して死の脅威でもって迫って来るのが自然です。すなわち、自然は死の原理であり、人間のいのちを損なうものです。そして、その死の前触れとして「老い」があります。

だから、老いは他者なんです。外からやって来るものです。

人間はいのち（若さでもあります）でもって自然＝死＝老いと闘って生きます。一神教の世界においては、自然は克服すべきものです。自然と闘うことが、いわば神から人間に命じられた使命です。

だから、欧米人はいつまでも若くあろうとします。年をとっても、いや年をとればとるほど、派手な衣服を着用します。派手な衣服でもって、老いという自然と闘っているのです。

同時に、病気だって、欧米人にとっては自然＝死の原理なんです。彼らは自然科学によって細菌やウイルスを発見し、それと闘うことをはじめました。それが、

——闘病の思想——

です。この「闘病の思想」が根底にあるものだから、細菌やウイルスによらない病気（たとえば癌やアルツハイマー）に対してまでも、欧米人は一所懸命に闘おうとします。一部の医学

者の指摘によりますと（たとえば慶應義塾大学医学部の近藤誠氏）、癌と闘うことはひょっとすれば愚策かもしれないそうです。しかし、それが愚策であろうとなかろうと、欧米人は病気と闘わざるを得ないのです。なぜなら、彼らは、それ以外の生き方を知らないからです。

もちろん、老いや病いと闘っても、人間がそれに勝てるわけではありません。負けるに決まっている闘いです。けれども、彼らは闘います。勝つために闘うのではなく、負けるために闘うのです。それが彼らの生き方なんです（この点に関しては、近藤誠・ひろさちや共著『死に方のヒント』日本文芸社を参照してください）。

若さと健康といのちは「驕り」である

このような砂漠の宗教である一神教の自然観に対して、湿潤のモンスーン地帯に発祥した仏教の自然観は、まさに正反対です。仏教においては、老・病を含む「死の原理」は人間の内にあります。老いるべき人間、病むべき人間、死すべき人間を、自然がその恵みでもって生かしてくれるのです。

前章で示した「老死の内在性」、これは仏教の考え方です。われわれ人間が、いわば老死といった病原菌を持っているのです。人間はそういう病原菌のキャリアー（保有者）であって、それが表面に出て来て老いていき、死んでいくのです。

その点では、サルトルが言った《老いとは他者の侵入である》と正反対です。サルトルは老死を外来的に捉えています。老死といった病原菌が外から入ってくると考えているのです。

では、仏教においては、老・病・死の対極にある若さ・健康・いのちはどう捉えているのでしょうか？

それについて、釈迦は次のように言っています。この言葉は『アングッタラ・ニカーヤ』(Ⅲ・38) に出ているもので、釈迦が自分自身の青年時代を回想して弟子たちに語り聞かせたものです。彼は青年時代、裕福な生活をしていたのですが、ふと次のように思った……と語っています。

《……わたくしはこのように裕福で、このように極めて優しく柔軟であったけれども、次のような思いが起こった、——愚かな凡夫は、みずから老いゆくもので、また、老いを免れないのに、他人が老衰したのを見て、考え込んでは、悩み、恥じ、嫌悪している。われもまた老いゆくもので、老いるのを免れない。自分こそ老いゆくもので、同様に老いるのを免れないのに、他人が老衰したのを見ては、悩み、恥じ、嫌悪するであろう、——このことはおのれにはふさわしくない、と言って。わたくしがこのように観察したとき、青年時における青年の意気は全く消え失せてしまった。

愚かな凡夫はみずから病むもので、また病いを免れず、他人が病んでいるのを見て、考え込んでは、悩み、恥じ、嫌悪している。われもまた病むもので、病いを免れない。自分こそ病むもので、同様に病いを免れていないのに、他人が病んでいるのを見ては、悩み、恥じ、嫌悪するであろう、——このことはおのれにふさわしくない、と言って。わたくしがこのように観察したとき、健康時における健康の意気は全く消え失せてしまった。

愚かな凡夫はみずから死ぬもので、また死を免れず、他人が死んだのを見ては、悩み、恥じ、嫌悪するであろう、——このことはおのれにはふさわしくない、と言って。わたくしがこのように観察したとき、生存時における生存の意気は全く消え失せてしまった》(中村元訳)

ここで中村元は〝青年の意気〟〝健康の意気〟〝生存の意気〟と訳していますが、あまりいい訳ではありません。これはむしろ、

——若さの驕り(yobbana-mada)・健康の驕り(arogya-mada)・いのちの驕り(jivita-mada)——

と訳したほうがよいでしょう。

われわれは、自分はまだ老いてはいないぞ、病気ではないぞ、死はずっと先だと思っています。そのとき、われわれは、若さと健康、そして生命力を誇っているのですが、それは「驕り」でしかない。釈迦はそう考えたのです。

だとすると、驕りを捨てて自分という存在を冷徹に眺めたなら、

——老いつつある人間・病みつつある人間・死につつある人間——

ということになります。仏教は人間をそう見ているのです。つまり、人間の内に老・病・死

が内在しているのです。

縄文時代は採取経済

以上が仏教の人間観であり、また自然観です。

では、日本人の自然観は、インドの仏教の自然観とまったく一致しているのでしょうか……？

そうではないと、わたしは思います。自然に対する日本人の考え方は、いささか複雑です。というのは、わたしは、縄文時代の日本人と弥生時代の日本人とでは、その自然観が大きく違っていたと思うからです。その二つの自然観がまじり合って、日本人の自然観が形成されているようです。

縄文時代のはじまりは、いまから一万二千年ほど前です。そして紀元前四世紀に弥生時代がはじまるまで続きます。

この縄文時代の経済は採取経済であって、狩猟や漁労、植物性食糧の採取によって人々は生きていました。もっとも、原始的な農耕が行なわれており、イノシシの幼獣の飼育なども行なわれていたという学者もいますが、それはごくわずかであって、基本的には縄文時代は採取経済でした。

そうすると、縄文人の自然に対する考え方は、
――恵みの自然――
であり、自分たちは自然の恵みによって生かされているというものになります。つまり、仏教型の自然観になるのです。そして、現在の日本人の自然観の根底に、この縄文人の自然観があることはまちがいありません。

ところが、弥生時代になって、農耕がはじまると、この縄文的自然観とは違ったもう一つの自然観が形成されます。

ここでちょっと指摘しておきたいのは、縄文時代に日本列島にどれくらいの人間が住んでいたかということです。『日本大百科全書』の「縄文文化」の項(関本勇執筆)によりますと、《人口の問題について、「一五万から二五万、西南に薄く、東北に多い」(山内清男)、「日本全体で一二万人」(芹沢長介)という見解があるが、よりきめの細かい推算をした小山修三は「早期二万、中期二六万、晩期七万六千」という数字を見積もっている》とあります。自然の恵みだけによって生きるとすれば、日本列島ではだいたい十万人から二十五万人ぐらいしか生きられないのです。

この意味が、おわかりになるでしょうか。それは、日本列島はそれほど自然に恵まれているわけではない、ということです。自然の恵みというのは、換言するなら太陽エネルギーです。太陽エネルギーにもっと恵まれているなら、採取経済だけでも二十万や三十万ではなしに、も

っと多くの人口を養えるのです。ところが日本列島は北のほうに位置するもので、太陽エネルギーが少なく、採取経済だけではあまり多くの人口を養えません。どうしても農耕が必要になります。

その自然を改変する農耕がはじまると、弥生時代になるのです。

農耕によって、日本列島の人口は飛躍的に増大します。

自然を手なずけようとする弥生人の末裔

縄文時代の日本人は、自然の恵みによって生かされていました。ところが弥生時代になって、日本人は、むしろ自然に働きかけて、自然を改変して生きるようになりました。同じ日本人でも、縄文人と弥生人とでは、自然に対する考え方が大きく違っています。

日本人の自然観を論ずるとき、たいていの論者はこの点を見落としています。日本人の自然観は、とても一様ではありません。複雑なのです。

縄文人的自然観は、自然は恵みであり、わたしたちはその自然の恵みによって生かされています。54ページの図でいえば、仏教の自然観と同じです。

しかし、このような自然の恵みによって生かされる人口は、ごくわずかです。日本の自然はそれほど豊かではありません。太陽エネルギーに関していえば、インドなどにくらべるとその恩恵は少ないのです。

だから、自然をそのまま受け容れるのではなく、これに人間の手を加える必要があります。それをはじめたのが弥生時代です。

けれども、かといって、日本の自然は砂漠の自然ではありません。砂漠は死の世界ですが、日本の自然はそれにくらべるとはるかに豊かです。だから、弥生人の自然観は、砂漠の宗教であるユダヤ教・キリスト教・イスラム教の自然観――それは自然と闘って生きるというものです――と大きく違っています。

弥生人は、自然と闘うのではなしに、自然を手なずけようとしたのです。ただし、個人の力では自然を手なずけることはできませんから、国家という共同体の力でもって手なずけようとしました。

現代日本人の自然に対する態度に、二つの矛盾した面がありますが、それはこの縄文文化と弥生文化の差に起因しています。すなわち、縄文人の末裔としての日本人は、自然を畏敬します。われわれは自然の恵みによって生かされているのだとして、自然に感謝するのです。

ところが、弥生人の末裔としての日本人は、自然を手なずけようとします。自然を懐柔して、自分たちに都合のよい自然にしたいのです。その象徴が、盆栽でしょう。あのように矮小化されたものは「自然」ではありません。だが多くの日本人は、盆栽のうちに自然を見出していると思います。

この自然に対する日本人の矛盾する態度が、「老・病・死」に対する態度にもあらわれていると思われます。

われわれ人間は自然に生かされているとして、自然に感謝している者は、老・病・死をあるがままに受容しようとします。

ところが、自然を手なずけようとする考えの人は、どうしても老・病・死をも手なずけようとするのです。

とくに現代日本人には、この後者の考え方の人が多いようです。

名医の治療を拒んだ漢の劉邦

ちょっとおもしろい逸話があります。

古代中国の漢の高祖、劉邦《りゅうほう》（前二四七—前一九五）の話です。

彼は流れ矢に当たり、その傷が悪化して死の床に就きます。五十三歳です。后《きさき》が天下の名医をさがしてきて、夫に治療を受けさせようとしましたが、劉邦は頑としてききません。医者には褒美だけを与えて帰らせました。

「自分は一介の庶民から身を起こして天下を取った。それができたのは天命である。そして、いま死期が迫っているのも天命だ。いくら名医であっても、この天命だけはどうすることもできないのだ」

彼はそう言った、と伝えられています。

『論語』に、

《死生命《めい》有り、富貴天に在り》

という言葉があります。人間の生も死も、貧富、貴賤も、すべて天命であって、人間がどうこうできないものだ、といった意味です。劉邦はまさにこの《死生有命》を地でいったのです。

劉邦は立派です。この劉邦の態度が、すべてを「自然」にまかせる縄文人の態度だと思います。

けれども、このような話を聞くと、われわれはこう思うでしょう。ともかくもいっぺん、医者の治療を受けてみればよい。それでも駄目なら、そのとき諦めればよいのだ。治療も受けずに、はじめから諦めてしまうのは敗北主義ではないか、と。

その考え方が弥生人です。

そして、現代日本人の大半はおそらく弥生人になっているのでしょう。

しかし、この弥生人は駄目です。劉邦の縄文人が正しいのです。ともかくも一度名医の治療を受けてみる、それで治れば儲けもの。治らなくても、と言いますが、そうは問屋が卸してくれません。一度名医にかかったが最後、その人は諦めることができなくなります。ほかにもっと名医がいないかと探しまわることになるでしょう。それに、仮に最初の医者で治ったとしても、その次に別の病気にかかったとき、またしても医者を探しまわるようになりますよ。

それが現代日本人の姿ですね。

老いに関してだって同じです。縄文人は老いを受容します。老いることをちっとも怖がりません。楽しく老います。

だが、弥生人は老いを手なずけようとするのです。若さを保つ妙薬を服んだり、若さを保つためにあれこれ手段を講じます。そうすると、老いが怖くなるのです。

ユダヤ教・キリスト教・イスラム教の文化伝統においては、老いと闘います。しかし、勝てるわけがない。負けを承知で闘うのです。極端にいえば、

——負けるために闘う——

のです。いわば、楽しみながら闘うわけです。勝つために闘うのであれば、歯を食いしばって悲愴感のただよう闘いになりますが、欧米人は楽しみながら、ゆったりと闘います。

ところが弥生人の末裔の現代日本人は、老いや病いを懐柔しようとします。闘うのではなしに手なずけるのです。

闘えば一〇〇パーセントの敗北ですが、手なずけるのであれば、ひょっとしたら手なずけられそうな気がする。成功の幻影がちらつくわけです。

でもね、この懐柔だって、とどのつまりは敗北ですよ。人間が老・病・死を徹底的に手なずけるなんて不可能なんです。

でも、いったん老・病・死を懐柔しようとしはじめた人間にとって、敗北は屈辱だし絶望で

す。だから、最後の最後まで、あれこれ策を弄して手なずけようと必死になるのです。負けるための闘いであれば、楽しく闘えます。それに、闘っている相手――老・病・死――に対して親しみを持つこともできるのです。畏敬の念を持ちます。

しかし、手なずけようとすると、ついには相手を憎むようになります。

この点に関しては、わたしにちょっと後味の悪い思い出があります。

大学院生のころ、わたしは一羽のメジロを手に入れました。野鳥ですから本当は飼ってはいけないのでしょうが、田舎の知人がわざわざ持って来てくれたので、飼育していました。じつは、その直前に、わたしは文鳥を飼っていました。文鳥はよく馴れて、わたしが口笛を吹くと飛んできました。その文鳥が死んだ直後に、野鳥のメジロを手に入れたのです。

わたしは、そのメジロを馴らそうとしました。できれば手乗りにしたいと思いました。でも、野鳥が人間に馴れるわけがありません。それがわかっていながら、わたしは必死になって馴らそうとしました。

そうすると、結局、最後にはそのメジロが憎くなりました。わたしがこんなに可愛がっているのに、わたしの愛情を拒む相手が憎くなったのです。

そして、その野鳥をいじめて殺してしまいました。

愛情が大きければ大きいほど、憎しみも大きくなるものです。

わたしのこの態度は、弥生人の自然に対する態度です。弥生人は自然を手なずけようとしますが、自然が人間の思い通りになるわけがありません。そうすると、最終的には自然が憎くなるのです。

老・病・死は自然です。

縄文人であれば、その自然に親しみ、感謝できるのでしょうが、弥生人は駄目です。ついには自然——老・病・死——を憎むようになります。

現代日本人は、明らかに弥生人の末裔ですね。

第三章　「人生の意味」という束縛

馬・牛・犬・猿から寿命を巻き上げた人間

『イソップ寓話集』（山本光雄訳、岩波文庫）に出てくる話です。

ゼウスはギリシア神話の最高神です。このゼウス神は、人間を造ったとき、その寿命を短いものにされました。

ところが人間は、分別があるものですから、自分で家を建ててそこで暮らしていました。ある冬の寒い日、あまりの寒さに辛抱できず、そのうえ雨も降っているので、馬は人間の家にやって来ます。そして、どうか中に入れてくださいと頼みました。

「そうだな、おまえの寿命のいくらかをわしに譲ってくれたら、入れてやらんでもない」

と人間は言いました。馬は喜んで人間にその寿命の一部を譲りました。

次に牛がやって来て、やはり家の中に入れてほしいと願います。人間は同様に、牛からもその寿命の一部を巻き上げました。そのあと犬がやって来て、同じく自分の寿命の一部を人間に譲りました。

《こういうわけで人間は、ゼウスから貰った歳のうちは無邪気で善良であるが、馬から貰った歳になると、法螺吹きで高慢ちきであり、牛の歳に達すると、支配することに通じ、犬の歳にはいると、怒りっぽく口やかましくなることとなったのです》

そう言ったあと、イソップは次のように付け加えています。

《この話は、怒り易く気むずかしい老人に対して用いることができましょう》

老人のいやらしさをからかった話です。でも、年寄りをからかっている若者だって、いずれ老人になるんです。いや、老人になれればいいですよ。老人になる前に死ぬ者もいます。だとすれば、「いやらしい老人」と言われても、なったほうが得ですね。そう思いませんか。

ところで、では人間の本来の寿命は何年であったか、『イソップ寓話集』ではわかりません。しかし、これと同種の話が『グリム童話集』にあります。『グリム』においては、人間の寿命は三十年であって、そのあと、驢馬から十八年、犬から十二年、猿から十年の寿命を貰うことになっています。

つまり、人間は三十歳までは無邪気で善良であるが、

三十一歳から四十八歳までは驢馬のように重い荷物を運ばされ、

四十九歳から六十歳までは犬的に生きるのです。キャンキャン吠えて、他人に咬みつきたくなる。しかし、いくら吠えても、所詮は負け犬の遠吠えです。

ついで六十一歳から七十歳までは、猿的に生きます。そういえば、この年齢の人間はどこか容貌が猿に似ていますね。わたしはいまこの年齢層なんですが……。

「命長ければ辱多し」

だから、なんです。あの吉田兼好（一二八三ごろ―一三五〇ごろ）が『徒然草』の中で、

《命《いのち》長ければ辱《はじ》多し。長くとも、四十《よそじ》に足らぬほどにて死なんこそ、めやすかるべけれ》（第七段）

と言っています。人間、長生きすりゃあ、辱をかくことが多くなる。長くても四十歳前に死んだほうがよさそうだ。〝めやすし（目安し）〟とは、《見ていて安心である。見た目が良い》（『岩波古語辞典』）の意。猿に貰った寿命を生きているわたしには、これは耳の痛い言葉です。

でもね、それじゃあ、兼好法師は四十前に死んだかといえば、さにあらず、どうやら彼は七十歳ぐらいまで生きていたようです。生きていたようだというのは、彼の没年が不明であるから、いや、彼の生年も不詳であって、いったい何歳で兼好が死んだのかわかりません。七十歳のころに存命していたことだけはわかっているのですが、彼は隠棲していたので、その後の消息が不明です。ひょっとしたら、八十歳ぐらいまで生きていた可能性があります。

だとすれば、兼好法師は、人には四十前で死ぬようにとすすめておきながら、自分はその倍も生きたわけです。ずるいやね。

それはそうとして、いま引用した『徒然草』の最初の部分――《命長ければ辱多し》――は、

実際には兼好法師の言葉ではありません。ここで兼好は、

《富めば則ち事多く、命長ければ辱多し》

といった中国古典の『荘子』(天地篇)の言葉を引用しているのです。だから、これは兼好法師の言葉というより、『荘子』の言葉としたほうがよさそうです。

まあ、いずれにしても、長寿がそれほど望ましいものとは言えないようです。

われわれは長生きできることが幸せだと思っています。それで馬や牛、驢馬、犬、猿の寿命を奪い取って寿命を延ばしてきました。最近では他人の心臓を奪い取ることさえしています。そういえば、サルトルが《老いとは他者の侵入である》と言っていましたが、老いとは犬や猿の寿命が侵入することなんですねえ……。

だが、そうして寿命を延ばして、それで幸せになれるとはかぎりません。寿命が長ければ、憂さも多くなります。いわゆる、

——老醜——

が漂ってきます。そして、若者から馬鹿にされます。

馬鹿にされると、年寄りはおたおたして、馬鹿にされまいとしてがんばります。俺はまだまだ若いんだぞ。おまえたち青二才に負けてたまるか! というわけです。でも、いくらがんばったところで、若者に勝てるわけがありません。そのがんばりは滑稽です。醜いものです。がんばればがんばるほど、ますます若者から馬鹿にされます。

だから、四十前に死んじゃったほうがいいよ……と、兼好法師はアドバイス（忠告）してくれているのですね。

太古の昔から、洋の東西を問わず人々は老いを恥じ、老いることを怖れていたのだということが、これらの物語からもわかります。それはいったい、どういうことなのでしょう。

たった一行の「人間の歴史」

昔、東方のある国の王が、「人間の歴史」を知りたいと思いました。

王は学者に命じて、書物を蒐めさせます。学者は五百巻の書物を選んで、宮廷に運び込みました。だが、政務に忙しい国王には、とてものことにその五百巻の書物を読む時間がありません。そこで王は、学者に命じて、その五百巻を要約した書物をつくらせます。

二十年ののちに、学者は五十巻の書物を宮廷に持参しました。

王は、そのときには時間の余裕が出来ていました。けれども、二十年の歳月は王の気力を減殺しています。五十巻もの書物を読むのにうんざりした王は、再びそれを要約し、圧縮するようにと学者に命じました。

それから二十年後、白髪になった学者が一巻の書物を持って宮殿に来ました。たった一巻です。

しかし、そのとき、その一巻の書物すら王は読むことはできません。なぜなら王は、死の床にあったからです。そこで学者は、死にゆく王の耳にこう語りました。

「人は、生まれ、苦しみ、そして死にます。王よ、これが人間の歴史です」

それを聞いて、王は莞爾《かんじ》と笑って死んでいきました。

このアネクドート（逸話）は、イギリスの作家のサマセット・モーム（一八七四―一九六五）の『人間の絆』に出てくるものです。

『人間の絆』は、モームの自伝的作品とされています。主人公のフィリップ・ケアリは、「人生の意味」を考えつづけ、そして冒頭で紹介した東洋の王の逸話を思い出します。その最後のところを引用しておきます。

《……賢者は、人間の歴史を、わずか一行にして申し上げた。こうだった。人は、生まれ、苦しみ、そして死ぬ、と。人生の意味など、そんなものは、なにもない。そして人間の一生もまた、なんの役にも立たないのだ。彼が、生まれて来ようと、来なかろうと、生きていようと、死んでしまおうと、そんなことは、一切なんの影響もない。生も無意味、死もまた無意味なのだ》

（中野好夫訳、新潮文庫）

人生は無意味だ――。フィリップはそう気づいたとたん、楽になります。

《今こそ責任の最後の重荷が、取り除かれたような気がした。そしてはじめて、完全な自由を感じたのだった。彼の存在の無意味さが、かえって一種の力に変った。そして今までは、迫害されてばかりいるように思った冷酷な運命と、今や突然、対等の立場に立ったような気がして来た。というのは、一度人生が無意味と決れば、世界は、その冷酷さを奪われたも同然だったからだ。》

世の中に「束縛」されている人間

冷酷なる運命に翻弄されて生きて、その運命を呪う気持ちでいるのはフィリップ一人ではありません。われわれだって、ときに運命を呪いたくなることがあります。

何ゆえに？　それは、われわれが人生に意味があると思っているからです。

人生に意味があるとなれば、その意味を達成せねばなりません。そうすると、他人に引き比べて自分はちっとも目的に近づいていないと感じられ、焦燥感に襲われます。

また、自分の人生にはなんの意味もない。自分はただ漫然と生きているだけである。こんなわたしでよいのだろうか……と悩む人もいます。

誕生後四日で死んだ赤ん坊は、いったい何のために生まれてきたのでしょうか。なんの意味もないかのように思える人生もあります。

インドに行けば、あのコルカタ（旧名カルカッタ）の大都会に多数の路上生活者がいます。その中には、親によって手や脚を切断されたり折られたりした者もいます。身体に障害のある者のほうが人々の同情を買い、より多くの喜捨が得られるから、親はわが子をわざと身体障害者にするのです。どうしてそんな人生を送らねばならないのでしょうか。彼らは、いったい何のために生きているのですか。

わたしたちは、世の中の役に立つ人間になりなさい——と教わってきました。世の中の役に立つことが、人生の意味であるかのように思わされてきたのです。

では、世の中の役に立つ人間とは、どういう人でしょうか……？

老いて体がきかなくなった人間より、若者のほうが世の中の役に立つ人間です。戦争中であれば、数多くの敵兵を倒せる人間が、世の中の役に立つ人間です。だが、平和な時代にあっては、そうではなくなります。現在の日本にあっては、産業活動を活発にする人が世の中の役に立つ人間でしょう。しかし、産業活動を活発にすることは、大量生産・大量消費によって地球の資源を浪費し、エネルギー危機を招き、環境破壊につながります。現在の世の中の役に立つ人は、きっと次の時代の人々から地球に対する犯罪者として告発されるでしょう。そしてホームレスの人々が、「地球に有意義だった人」として、未来の地球人から表彰状を貰うかもしれません。

にもかかわらず、わたしたちは、世の中の役に立つ人間にならねばならぬ——と思い込まされています。じつは、そう思い込まされていることが、ほかならぬ、

——束縛——

なのです。モームの『人間の絆』は、原題は“Of Human Bondage”であり、この“Bondage”は伝統的に〝絆〟(人と人との繋がり・連帯)と訳されてきましたが、岩波文庫の『人間の絆』の訳者の行方昭夫氏が指摘しておられるように、むしろこれは〝束縛〟と訳すべきかもしれません。フィリップが、人間はある目標に向かって生きるべきだと思い込み、努力を重ね、そして挫折を繰り返して生きてきた、その思い込みが「束縛」なんです。

なお、〝絆〟という漢字は、日本の中世文学では〝ほだし〟と読みます。

《ほだし〔絆し〕一〔四段〕①自由に動けないようにつなぎとめる。束縛する。……②逃げようにも逃げられない気持にする。……二〔名〕①馬の足などをつなぐ縄。……②足かせや手かせ。……③事をなす場合の妨げとなるもの》(『岩波古語辞典』)

現代語でも、「情に絆されて金を貸してやる」「彼の熱意に絆されて……」といった言い方をします。日本語においても「絆」というのは「束縛」なのです。

人生は無意味、人は生まれてきたついでに生きる

フィリップは、人生に意味などないと気づいて、その「束縛」から解放されました。そして、その無意味さが、フィリップにおいては「力」となったのです。

人生が無意味であれば、なにも自分を他人と比較して卑下する必要はありません。苛酷な運

命の自分と、運命の女神に愛されている（かのように見える）他人と、そこに優劣はないのですから、「運命」はわたしに対して何の力もないのです。その「運命」の無力さを知っているだけ、自分のほうが優位に立っています。ドスを持ってすごんでみせる暴力団のチンピラを恐れていたのですが、そのドスはゴムで出来た玩具であって、気の小さなチンピラが何もできないとわかれば、ちっとも恐くないのと同じです。

じつは、このフィリップは、神を信じていません。幼時に両親を亡くし、牧師の叔父に育てられたフィリップは――ここがモーム自身と重なるため、『人間の絆』は自伝的小説とされています――、当然のことに牧師になるべきでしたが、キリスト教への信仰を捨てるのです。

しかし、神を捨てても、彼は「人生の意味」だとか「人生の目的」あるいは「運命」といったものに束縛されていました。「運命」とは、一種の神です。フィリップは神を捨てて無神論者になっていたのですが、心のどこかで「絶対的なもの」「人間を超えた存在」を信じていました。それを捨てたとき、彼は真の自由を獲得できるのです。

――人生に意味なんてあるものか――

それが正真正銘の無神論です。

だから、フィリップは、飢えと貧困に泣き、絶望のうちに生きる下層階級の人々に同情しながら、こんなふうな感想を抱いています。

《神の存在を信じなくて済むのがありがたかった。というのは、神が存在するのならこういう

非情は耐えがたいものとなる。人生が無意味というのなら、どうにか苛酷な人生も甘受できるのだ》(行方昭夫訳、岩波文庫)

神がわざと自分にこのような苛酷な人生を与えたのであれば、われわれは神を呪いたくなる。そして神を呪わねばならない自分自身が惨めに思えるでしょう。

しかし、神は存在しない。人生は無意味です。だとすれば、自分が苛酷な人生を生きねばならないというのも、それはたんなる「偶然」です。どこにも必然はありません。たんなる偶然であれば、われわれはそれを耐えることができる。——それがモームの人生観です。

私事になりますが、大学生の頃、わたしはモームの人生観にすっかりいかれてしまいました。当時の大学生は、よく議論をしたものです。「人生の意味とは何か？」「人間は何のために生きるのか？」——そういったテーマで、徹夜で語り合ったこともあります。思えば、社会全体が貧しく、娯楽も何もなかった時代で、議論を闘わせることだけが楽しみでした。

「いいか、人間は生まれ、苦しみ、そして死ぬだけである。ただそれだけのことで、人生には何の意味もない」

と、得意気に主張すると、友人たちは、きまってこう詰問します。

「だとすれば、いったい何のために人は生きるのか？　いや、そもそもきみ自身は、何のために生きているのか!?」

「何のために生きているかと問われるなら、〝苦しむため〟という答えになる」

「そんな馬鹿な話があるものか。〝苦しむため〟に生きるぐらいであれば、自殺したほうがいい。きみは、なぜ自殺しないのか？」

「自殺するということは、この人生に絶望したことを意味する。そして、絶望するということは、この人生になんらかの期待を持っているからだ。でも、人生に意味がないのであれば、われわれははじめから人生に期待しない。ただ、苦しんで生きればいいのだよ。別段、絶望する必要もなければ、自殺する必要もない」

けれども、友人たちは、なかなかわたしの言葉を理解してくれません。あるとき、わたしはこんなふうに語りました。

「人生にはなんの意味もない。では、何のために生きているのか？　と問われるならば、ぼくはこう答えたい。

――人間は、生れてきたついでに生きている――

と。いや、自殺したっていいんだよ。人間は生まれてきたついでに生きている。そして、生きているのがいやになれば、生まれてきたついでに自殺したっていいんだ。すべては〝ついでに……〟なんだよ」

この主張には、たぶんあっけに取られたのでしょう、友人たちからの反駁はありませんでした。わたしは議論に勝った気になり、得意になっていました。ただし、それが所詮は「詭弁」

であることを、自覚していなかったわけではありません。

世間は虚であり、仮である

若いころにやった議論というものは、いずれ議論のための議論です。われわれは詭弁を弄し、水掛け論、言葉遊びにうつつを抜かしていました。そして、それが楽しかったのです。ですが、そのときわたしが発明した（もちろん、モームにヒントを得たものですが）、

——人生に意味なんてない。人間は生まれてきたついでに生きているだけだ——

という考え方は、若いころの言葉遊びとして忘れてしまうには、いささか惜しい気がします。というより、正直に告白すれば、わたしはこれを武器にして、わたしの人生観を築いてきました。この哲学を武器にして、世の中と闘ってきました。

そうなんです、わたしはこの哲学を自分の武器にしたとき、この武器でもって闘う相手は、

——世の中——

だということに、本能的に気づくことができたのでした。まことにラッキーでした。

これは、じつは聖徳太子（五七四—六二二）が言っていたことです。すなわち、彼は、

《世間虚仮《せけんこけ》、唯仏是真《ゆいぶつぜしん》》

という言葉を残しています。世間は虚であり、仮のものです。実体なんてありません。ただ

仏だけが真実だ。聖徳太子はそう教えました。

つまり、わたしは、「人生に意味なんてない」と考えたのですが、「人生に意味がある」とわたしたちに思わせようとしているのは、じつは世間です。世の中なのです。

なぜなら世間は、わたしたちが人生とは意味がないと悟りを開いて、みんながそれぞれ自分勝手に生きはじめると困ってしまいます。早い話が、みんなが働かなくなれば、世の中は成り立ちません。

たとえば、フェルディナン・ド・レセップス（一八〇五—九四）がエジプトにスエズ運河を造るとき、エジプト人たちはなかなか働こうとしませんでした。彼らを働かせようと日給を高くすればするほど、働かなくなったといいます。かりに日給を二倍にすれば、彼らは働く日数を半分にする。すると収入が同じになるからです。

それと同じことを、わたしは日本の商社マンから聞きました。インド行きの飛行機の中で知り合った商社マンは、インド人は使いにくくて困るとこぼすのです。給料日の翌日は休む者が多い。優秀な人間を他社に引き抜かれないようにするため、かりに給料を二倍にすれば出勤日が半分になってしまう。「そうしたインド人に勤労意欲を持たせるには、どうすればいいのでしょうね」と、彼はわたしに質問しました。

「あなたね、それは、インド人がまともですよ。給料が二倍になれば、働く意欲が二倍になる日本人のほうが狂っているのですよ」

と、わたしは答えましたが、わたしは彼から、〈この国賊め！〉といった目付きで睨まれてしまいました。

それというのも、われわれ日本人が、人生には意味があり、生き甲斐というものがあり、それを求めるためには金銭をできるだけ多く得る努力が必要だと思い込まされているからです。つまり、われわれは洗脳されているのです。その結果、世間に束縛され、奴隷になっています。わたしたちは、そういう世の中と戦わねばなりません。

そのときの武器が、「人生に意味なんてない」といった立言です。これによってわたしたちは、「人生には大きな意味がある。人はその意味のために生きねばならぬ」といった誤った思想を教え込んで洗脳し、われわれをその奴隷にしようとしている「世の中」をやっつけることができるのです。わたしはそう考えています。

商品化された人間は「奴隷」になる

さて、この現代日本の社会の特徴を一言でもって表現するなら、

——人間の商品化——

ということになりそうです。人間が一個の商品と見なされ、その現実を誰も奇異に思わない、怖ろしい社会です。

とはいえ、「人間の商品化」は資本主義社会の特色です。資本主義社会においては、人間は「労働力」という商品と見なされ、資本家に売買されます。とすれば、人間が商品化されるのは、なにも日本にかぎった現象ではないはずです。欧米の資本主義国には多かれ少なかれ同じ現象が見られるのでは？　と、そんな疑問を持たれるかもしれません。

たしかに資本主義社会においては、必然的に人間は「労働力」として価値付けされ、商品化されます。商品化された人間は、すなわち、

――奴隷――

です。資本主義社会は必然的に、人間を奴隷にしてしまう装置なのです。

だからこそヨーロッパにおいては、労働者が奴隷とならないようにさまざまな工夫が凝らされました。その結果、日本とまったく違った社会になっているのです。

その点に関して、経済学者の森嶋通夫氏が次のように指摘しておられます。

《近代的な雇用は、人間を時間ぎめで売り買いする行為であり、奴隷売買の経験があった国では、労働市場は奴隷市場の代替物ないし近代版であると意識される。したがってそれらの国では、できるだけ奴隷の記憶を呼び起こさないように、労働市場、したがって労働官僚関係がつくられている。それゆえ労働者の自由を保障することが至上命令なのである》（森嶋通夫『思想としての近代経済学』岩波新書）

労働者の自由が保障されねばならない――。欧米の資本主義諸国においては、それが至上命

令になっているのです。この指摘は重要です。森嶋氏はこうつづけています。

《これに対して奴隷売買の経験のない国（例えば日本）では、無神経に奴隷的要素が導入される。例えば「終身雇用」は日本では労働者の忠誠心と企業者の親心をあらわす美徳——封建的であるかもしれないが、とにかく美徳——と考えられがちだが、ヨーロッパではこういう一生にわたる固縛は、奴隷的と見なされる》（同上）

企業に対する忠誠心なんて、なくていいのです。「終身雇用」というものは、労働者を企業に飼い殺しにされる奴隷（会社奴隷すなわち社奴）ないしは家畜（社畜）と見る制度です。サラリーマンは奴隷だから、企業が違法行為をやっても、それを告発できません。企業の悪事の片棒を担ぐか、せいぜい見て見ぬ振りをするのです。

さらに、森嶋氏は次の指摘をしておられます。

《西欧の労働者の主な行動動機は、自分を他の人より優遇せよという利己心ではなく、すべての労働者を公平に取り扱えという「公平」の要求である。（中略）公平の原則は社内の同職種の人の間だけでなく、他の職種の人や、他の企業の人との間にも適用されねばならない》（同上）

しかし、日本の労働者は、上司から特別に目をかけてもらった——つまり不公平に扱われた——ことを喜びます。まるで殿さまから「愛《う》い奴じゃ」とお褒めの言葉をいただいて、忠誠を誓う家臣さながら。まさに奴隷根性です。

金に頭を下げても、金持ちには頭を下げない

現代日本においては、このように人間の奴隷化が深く進行しています。その結果、日本人は、人間の価値をすべて、

——商品価値——

でもって測るようになりました。簡単に言えば、資産の多い人間が価値が高いとされるのです。ハンディキャップのある人間は、価値が低いとされます。

わたしは大阪人ですが（十八歳まで大阪で育ちました）、昔の大阪人は、たとえばちょっとした金持ちで偉そうにしている人間に対して、

「おまえ、なんぼのものやねん？」

とからんだものです。〝なんぼのものや？〟というのは、「いくらの値段か？」です。この言葉は、まさに人間を商品価値で査定しているように聞こえますが、じつは反対です。金持ちであること、あるいは国会議員であったり大企業の社長であったりすることは、なるほど商品価値は大きい。しかし、人の真の値打ちは、そんなことでは決まりません。商品価値が低くても、立派な人が大勢います。逆に、商品価値だけで自分が偉いと錯覚している人間に、「おまえの本当の価値なんぞいくらもないわい！」というのが、「なんぼのものやねん？」の意味で

す。反語的疑問文であって、もちろん相手の年収や商品価値を尋ねているわけではありません。したがって昔の大阪人は、その人の年収や社会的地位のほかに、真の人間としての値段（価値）があると信じていたのです。

これもわたしの個人的な体験ですが、わたしの母は薬店を営んでいました。父が戦死したので、母がわれわれ四人の子を育ててくれたのです。ある日、お店に来た客が、母にねちねち絡んでいます。酔っ払いでした。その客に、母は笑顔で応対しています。それを見ていた中学生のわたしは、客が去ったあと、あのような客に丁寧に応待する必要なんてないではないか、と言いました。そのわたしに対して、

「商売人というものは、お客のお金に頭を下げるんや。なにもあのお客に頭を下げているのんと違う」

と答えました。そのときはよくわかりませんでしたが、のちに気がついたことは、

――大阪の商人は、金には頭を下げるけれども、金持ちには頭を下げない――

ということです。

けれども、昨今では、大阪人だって金持ちに頭を下げているようです。現代日本人はおしなべて、金持ちや権力者にぺこぺこします。それは商品価値に拝跪しているのです。

権力者が持っている「権力」には頭を下げる必要があるかもしれません。しかし、その人間の品性が下劣であれば、「なんぼのものやねん！」と心の中で軽蔑していればいいのです。

先程引用した森嶋通夫氏の『思想としての近代経済学』には、おもしろい指摘があります。

《エジプトでは奴隷が官僚に使われた。それは官僚が、職務上得た秘密を絶対に守らなければならず、君主の命令に絶対服従し、しかも案件を相手が誰であろうと平等に処理しなければならぬという、官僚の条件を考慮すれば、奴隷こそは最適任者であるからである》

日本の官僚は優秀で、商品価値は高いでしょう。しかし、商品価値が高いということは奴隷として優秀、ということに過ぎません。政治家だって経営者だって学者だって、商品価値が高いのは奴隷としての優秀さでしかありません。その人の本当の値打ちは、商品価値と無関係です。ところが、現代日本は、人間を商品価値だけで見る社会になってしまったのです。

そのところに、わたしは諸悪の根源があると思っています。

禅僧たちの教え

昔の大阪人が、「おまえ、なんぼのもんやねん？」と言った、その同じ言葉を中国唐代の禅僧の臨済《りんざい》義玄《ぎげん》（？—八六七）が言っています。

《赤肉団上《しゃくにくだんじょう》に一無《いちむ》位《い》の真人《しんにん》あり、常に汝等諸人の面門《めんもん》より出入す。未だ証拠《しょうこ》せざらん者は看《み》よ看よ》（『臨済録』）

赤肉団とは、われわれのこの肉体です。この肉体の上に、この肉体を超越した「真人」、すなわち真の人間がいるはずです。それはまったく無位の人間です。社長だ、部長だ、係長だ、主任だ、平社員だ、夫だ、妻だ、大学教授だ、薬剤師だ、事務長だ、公務員だ、親だ、子だ……そんな肩書きに分類される以前の、真の人間、丸裸の人間がいます。いや、いるはずなんです。

その無位の真人、肩書きも地位もない自由な人間が、われわれの目から出入し、耳から出入し、口から出入している。なのに、どうしておまえたちにそれが見えないのか？　それを見よ！　と、臨済はわれわれに言っているのです。

室町時代の一休禅師（一三九四―一四八一）は、ある年の正月の三が日、墓場からされこうべを拾って来ました。それを竿の先にくくりつけて、京の街を徘徊します。そして、商家の門をトントンと叩き、出て来た商家の主人ににゅーっと髑髏《どくろ》を突き付けるのです。思わず顔をしかめる主人に、一休はこう言います。

「めでたいのう、めでたいのう。見なされ、ここには二つの穴がある。昔はここに二つの眼玉が入っておった。ところが眼玉は二つとも飛び出てしもうた。目が出た、目が出た、めでたいのう……」

いくら金儲けしたって、立身出世し偉くなったところで、死ねばまったくのゼロ。この肉体も腐り、眼玉のあった穴ぼこだけが残り、その骸骨もやがては粉々になってしまう。そうなったとき、「いったいおまえはなんぼのもんじゃ？」と、一休禅師はわれわれに問うているのです。

よの中はくうて糞してねて起きて
さてその後は死ぬるばかりよ

一休が詠んだ道歌です。この人生、所詮は無意味。それなのに、われわれはこの人生に執着し、この人生を価値あるものと錯覚しています。すべて錯覚です。禅僧たちはそう教えてくれています。

ゼロは無限大

老・病・死から、誰も逃れられません。それなのに、老いると価値がなくなる。そのような生の考え方は、根本的におかしいのです。

人生に目標があれば、その目標の達成率によって人間は評価されます。目標を八〇パーセント達成した人間のほうが、六〇パーセントしか達成しなかった者より価値が高く、それだけ人生に意味があったことになります。けれども、人生に意味がなければ、ないという点においてはみな同等です。総理大臣になろうが、誕生後四日目に死のうが、まったく同じです。

すなわち、人生は無意味なんです。人間に価値なんてありません。誰も彼も、どいつもこいつも、人生の意味はゼロであり、人間の価値はゼロです。

そう思えば、老いたからといって価値が下がるわけがありません。老いを恥じることも、また若者に対して誇ることもありません。はじめからゼロなんですから、若かろうとよぼよぼの老人になろうと、価値は不変です。これは逆に、人生の価値、人間の価値は無限大だといっても同じことです。そして、「無限大」と言うほうが響きはよさそうですが、わたしは皮肉屋なもので、あえて「ゼロ」にしておきたいのです。

「老い」というものをそういう角度から考えてみたい。わたしはそう考えています。

第四章　「世逃げ」のすすめ

世に捨てられるのではなく、世を捨てるのだ

本章でわたしは、老人はすべからく、

——世捨人——

になりましょうよ、といった提案をするつもりでいます。

だが、じつは〝世捨人〟という言葉が問題です。辞書によると、これは、

《浮世を捨て、世間との交渉を絶った人。世を逃れた人。俗世間を離れて生きている人。遁世《とんせい》者《しゃ》》（『大辞林』）

とあります。自発的な意志でもって世を捨てた人が世捨人です。

ところがわたしたちは、世捨人といえば世から捨てられた人のように思って、世捨人にならないとしてがんばっているのではありませんか。つまり、

世捨人……世を捨てた人

世捨人……世に捨てられた人

の二つの世捨人があって、われわれは後者の世捨人になることを怖れています。そして、

「生涯現役」のスローガンを掲げて、いつまでも世の中にしがみついている。その惨めさ、滑稽振りに気がつかないのです。

馬鹿ですねえ。

若者たちが老人を馬鹿にするのは、世の中に、

——若いことはいいことだ——

といった物差しがあるからです。その物差しは、別段若者だけが持っているのではありません。老人だって、その物差しを持っているのです。老いも若きも、男も女も、みんながその物差しを持っています。だから、その物差しで測れば、老いは悪いこと、醜いものになります。そして年寄りは、自分はまだまだ若いんだと、自分の価値を見せつけねばなりません。

馬鹿ですねえ……と、再度、同じ言葉を繰り返しておきます。

だって、そうでしょうよ。若いことがいいことだといった物差しは、人間を商品にして、その商品価値を測る物差しではありませんか。商品価値であれば、年寄りの値打ちが下がるのはあたりまえです。年寄りは中古品であり、時代遅れで、商品価値は限りなくゼロに近いのです。それをなんとかリフォームして、新品同様の値段で売りつけようとする。その努力はいじらしいと言うべきか、いじましいと言うべきか。はっきり言って詐欺《さぎ》です。およしになったほうがいいですね。

じつは、われわれがなすべきなのは、若いことがいいことだというその物差しを否定するこ

とです。

わたしたちは、世間が持っている物差しに縛られています。その物差しで自分を測り、自分を一個の商品にしているのです。そして、老いとともに自分の商品価値が下落するのを悲しんでいます。それは、世に捨てられるのを怖れている姿にほかなりません。

そうではなくて、わたしたちのほうから世を捨てるのです。世間の物差しを捨ててしまうのです。

それが真の「世捨人」なんです。

ご存じでしょう、『閑吟集《かんぎんしゅう》』というのは、室町後期につくられた歌謡集です。編者不詳。庶民の生活感情を伝えた当時の歌が収録されています。

その中で、わたしのいちばん好きな歌が、

《何せうぞ、くすんで、一期は夢よ。ただ狂へ》

です。「何になろう、まじめくさって、人間の一生は夢のようなもの。狂えばいいのだ」と訳せばいいでしょうか。〝くすむ〟というのは、《きまじめである。まじめくさる》(『大辞林』)といった意味で、世間の物差しに自分を合わせて、それに忠実に生きる生き方です。要するに世間の奴隷ですね。

そんな馬鹿げた生き方をするな！　『閑吟集』はそう忠告しています。

じゃあ、どうすればいいのですか？

――ただ狂え！――

狂えばいいのです。世間の物差しを否定するのです。

考えればわかることですが、もともと世間の物差しのほうが狂っているのです。それは人間を商品化してしまった、おかしな物差しです。だから、その狂った物差しから狂うことによって、わたしたちは「まとも」になることができるのです。わたしはそう思っています。

老人の智恵に助けられたインドの国王

けれども、誤解しないでください。世間は「若さ」に価値を置き、「老い」をマイナス価値で捉えている――と書きましたが、世間の物差しはそれ一本ではありません。古代ギリシアや現代日本における物差しは、たしかにそういうものです。だが、古代のインド人などは、それとは違った物差しを持っていたようです。

『雑宝蔵経《ぞうほうぞうきょう》』（巻一）には、次のような話が出ています。

古代インドのある国では、年寄りを山の中に棄てるよう定めていました。従わない者は重罰が科せられるので、人々は泣く泣く老いた父母を山の中に棄てに行きます。だが、その国の大臣の一人が、どうしても父親を棄てられず、こっそりと地下室に匿していました。

ある日、国王の前に天神が出現し、二匹の蛇を示して、

「おまえにこの蛇の雌雄が判別できたら、この国の安全を保障してやる。けれども、判別できぬときは、この国とおまえの命は七日でなくなると思え」

と言いました。恐怖におののいた国王は大臣たちに相談しますが、誰も答えられません。国中に触れを出したのですが、判別法を知る者は一人もいません。

だが、孝行者の大臣の父親は、それを知っていました。

「蛇を柔らかな物の上に置けばいい。激しく暴れるのが雄で、じっと動かないのが雌だ」

大臣は国王に伝え、国王は助かりました。だが、天神は執拗に、次々と難問を出します。仏教教理に関係する問題も多いのですが、世俗の問題もあります。たとえば、大きな象の体重をどうやって測るか、真四角に切った栴檀《せんだん》の木のどちらが根っこかを当てる問題などです。

大きな象の体重を測るのは、その象を船に乗せてどれくらい船が沈んだか印をつけておき、象を降ろしてから、小さな石を船に積み込むのです。印がついた所まで船が沈んだら、その小石の総量が象の体重ですから、小石の重さを一つ一つ測って合計すればよいのです。

また、栴檀の木は水に投げ込むと、根のほうが下に沈み、先のほうがちょっと浮きます。それで、どちらが根っこかわかります。

このようにして、大臣は匿っている父親に教わって、難問を次々に解きました。喜ぶ国王に、大臣は年寄りの父親を匿い、父親が問題を解決したことを告白しました。

それで国王も、年寄りの智恵がいかに大事であるかを知り、老人を敬い、孝行を尽くすよう

に と奨励したのです。要するに、めでたし、めでたしです。

ここでは、老人をマイナス価値で捉える価値観から、プラスの価値で捉える価値観への転換が示されています。ということは、年寄りは醜いという物差しと、年寄りは貴重だという物差しが、ともに世間の物差しであることを教えています。ただ、古代のインドでは老いをプラスに評価する物差しが一般的であったのに対して、現代の日本では老いをマイナスに評価する物差しのほうが一般的である。それだけの違いなんです。

老人が老人であることを恥じている日本社会

現代日本においては、老人がマイナス価値で捉えられている。もっと老人を大切にする国にすべきだ——といった考え方があります。だが、わたしに言わせるなら、それがいちばん愚策です。

なぜなら、現代日本においては、老人そのものが老人を尊敬していません。老いることをマイナス価値で捉えています。老人が老人であることをマイナス価値で捉えていて、どうして若い者が老人を尊敬できるでしょうか。

もうこれまで何度も繰り返し指摘してきましたが、現代日本においては人間が商品化されています。そこで老人のほうでは、俺はまだまだ価値がある、若者に伍してやっていけるんだと、痩せ我慢を張るのです。そのために、いつまでも若さを保とうとして涙ぐましい努力をします。健康を維持するために、あれこれ気を遣います。

そのような努力をすることが、まさに老いと病いを毛嫌いしている証拠です。自分自身が老いを軽蔑していて、どうして若者に老人を尊敬せよと命じることができますか……？

いや、それができる方法はあります。簡単です。老いのマイナス価値を補塡するものを持てばいいのです。それは、

——金と権力——

です。札片《さつびら》でもって若者の顔を叩き、権力でもって若者を脅せばいいのです。そうすりゃあ、若者たちは年寄りを敬います。でも、それは、本当は老人を敬っているのではありません。金と権力に頭を下げているだけです。それに、金も権力も持たない老人どもは、所詮は救われません。

それが現代日本の状況です。老いることは商品価値の低下であるが故に、老人たちが老人であることを恥じ、少しでも若くあろうとしてがんばっている姿。どう考えても悲しいですね。老人が尊敬される日本にするためには、老人がみずから老人であることに誇りを持たねばなりません。

そのためには、人間を商品価値で測る物差しを捨てるべきです。

諸悪の根源は、人間を商品価値で測る物差しです。

でも、その物差しを捨てるためには、社会を根本から変革せねばなりません。早い話が革命が必要です。いっさい貨幣というものをなくした社会にせねばなりません。それは共産主義社会ではありません。強いて言えば、縄文社会です。とすると、日本の人口は数百万人ぐらいにせねばならない。だから、絶対に不可能です。

じゃあ、どうすればいいのでしょうか……？

また振り出しに戻ってしまいました。

もう一つの物差しを持てば「自由」になれる

そこで、わたしの提案は、

――「世逃げ」のすすめ――

です。老人が、老人ばかりでなく若者たちも、さっさとこの世から逃げ出すのです。それが最善の方策だと思います。

もっとも、この世から逃げ出したところで、わたしたちが住む世界がほかにあるわけではありません。夏目漱石（一八六七―一九一六）は『草枕』の中でこう指摘しています。

《山路《やまみち》を登りながら、かう考へた。

智に働けば角《かど》が立つ。情に棹《さお》させば流される。意地を通せば窮屈だ。兎角《とかく》に人の世は住みにくい。

住みにくさが高《こう》じると、安い所へ引き越したくなる。どこへ越しても住みにくいと悟った時、詩が生れて、画《え》が出来る。

人の世を作つたものは神でもなければ鬼でもない。矢張り向ふ三軒両隣りにちらちらする唯《ただ》の人である。唯の人が作つた人の世が住みにくいからとて、越す国はあるまい。あれば人でなしの国へ行く許《ばか》りだ。人でなしの国は人の世よりも猶《なお》住みにくからう。

越す事のならぬ世が住みにくければ、住みにくい所をどれほどか、寛容《くつろげ》て、束《つか》の間《ま》の命を、束の間でも住みよくせねばならぬ。こゝに詩人といふ天職が出来て、こゝに画家といふ使命が降《くだ》る。あらゆる芸術の士は人の世を長閑《のどか》にし、人の心を豊かにするが故に尊《たつ》とい》

漱石は、住みにくい世の中を逃げ出しても、われわれはどこへも行くことはできぬ。ならば、詩や絵画といった芸術でもって、この住みにくい世の中を少しでも住みやすくするよりほかない――と言っています。要するに、芸術・趣味に逃げるわけです。

漱石の言うように、芸術・趣味に逃げるのも一つの手です。そのようにした文人も多くいました。だが、そうできるのはごく少数のエリートで、大部分の庶民はそんなことはできません。

そこでわたしは、「世逃げ」のすすめをします。その「世逃げ」とは、世間が持っている物差しを捨てるのです。

捨てるというのは、それを笑い飛ばすことです。馬鹿にするのです。

というより、それに代わる、

――もう一つの物差し――

を持つことです。実際には、いま世間で通用している「人間を商品と見て、その価値を計る物差し」を捨てることは、なかなかできることではありません。われわれは幼児のころから、その物差しを教え込まれてきました。すっかり洗脳されてしまっています。だから、それを捨てることはほとんど不可能です。

でもそこで、もう一つ別の物差しを持ちます。そうすると、世間の物差しが「絶対」でなくなるわけです。絶対でなくなれば、われわれはその呪縛から解放されます。

わたしたちは世間の呪縛から解放されて、「自由」になれるのです。

老人にすすめる三つの無関心

では、そのもう一つの物差しとは、どういうものでしょうか……?

じつは、それは、ある意味での、

――あの世の物差し――

です。人間がつくった物差しではなく、神の物差し、仏の物差しです。だが、そのもう一つの物差しについては、別の章で考えることにします。ともかくわれわれは、この世からすたこらさっさと逃げ出すのです。「世逃げ」をするのです。

その具体的な方法は……？

わたしは、そこで「三つの無関心」を提唱します。

1　世間に対する無関心

2　道徳に対する無関心

3　他人に対する無関心

この三つは相互に関連しているのですが、とりあえず三つに分けて考察します。

1　世間に対する無関心

世間というのは社会です。わたしたちは社会に生きているのです。その社会に対して関心を持たないのです。早い話が、

「こんな日本、どうなっても、かめへん。わしゃ知らんわ……」

と言ってのけるのです。それが「世逃げ」です。

けれども、こんなことを言えば、わたしは袋叩きに遭いそうです。

「おまえは飛んでもないことを言っている！　われわれにはこの日本をよくする義務がある。それが社会人としての義務である」

じつは、前章で少し言及したのですが、聖徳太子が言った、

《世間虚仮、唯仏是真》

ということばが、江戸時代の儒者たちから散々に攻撃されました。

聖徳太子が言ったのは、世間の物差しはおかしい、あの世の物差しである仏の物差しが正しい、ということです。世間は、金持ちの価値は大きいが、貧乏人の価値は小さいとしますが、それでいいのでしょうか。それは狂った物差しです。政治や経済をやるためには、そのような狂った物差しも必要でしょうが、それが「狂」っていることには違いはありません。仏の物差しこそが本物なんです。真実なんです。

だが、聖徳太子は政治家です。摂政皇太子でした。そこで江戸時代の儒者たちにしてみれば、政治家が世間の物差しは狂っているなんて言ってもらっては困る。なぜなら、狂った物差しでもって政治をやるのが政治家の使命なんですから。それがいやなら、政治家をやめろ！ そう言って攻撃しました。

ともかく、儒者というのはこの世を大事にします。いや、儒者ばかりではありません。たいていの日本人は、世間、この世、社会、お国が大事なんです。日本人の哲学の第一原理は、たぶん、

——滅私《めっし》奉公《ほうこう》——

だろうと思います。お国のために尽くすのが、日本人にとって最大のあたりまえなんですね。

それ故、わたしが、「この日本なんて、どうだっていい」と発言すれば、わたしは国賊扱い

されてしまいそうです。

そこで、釈明的反論をさせていただきます。

まず第一に、わたしは税金を払っています——ということです。

わたしたちは税金さえ払えば、それで世間・社会・国家に対する義務を果たしているのです。それ以上、とやかく文句を言われる筋合いはありません。政治家のうちには、脱税している奴がいっぱいいます。大企業だって、いろんな抜け道を使って脱税しています。税金をちゃんと払っているわれわれ庶民が、そんな政治家や財界人からお説教される必要なんてないのです。

そもそも国家というものは、知人のお坊さんが言っていましたが、われわれ庶民から、

納税の義務でもって……財産を掠《かす》め取り、

兵役の義務でもって……生命を強奪し、

教育の義務でもって……魂を奪い去る、

ものなんです。いまは兵役の義務はありませんが、うかうかしていると国家の代りに大企業が過労死という形でもってわれわれの生命を掠奪《りゃくだつ》しかねません。

そういえば、古代のインドにおいては、国王は盗賊の親類に思われていました。初期の仏典は、われわれが人生において遭遇するさまざまな災難（たとえば、地震や風水害、火災など）を並べたあと、盗賊の難を挙げ、その次に国王の難を追記しています。国王というものは盗賊と同じく、われわれの生命・財産を奪うものなんです。それが初期の仏教の考え方でした。

わたしたちは税金さえ払っていれば、それ以上、世間や国家に義理立てする必要はありません。いや、義理立てするのは危険です。そんなことをしていると、世間や国家は図に乗ってますますわれわれ庶民を拘束してきます。その結果、われわれは奴隷にされてしまいます。まさに現在の日本人が、その奴隷になった姿です。

だから、「世逃げ」のすすめなんですよ。

第二に、いったい誰が、国や社会に尽くしているのですか？

政治家ですか？　冗談を言わないでください。政治家は、われわれが給料を払って働かせているのです。われわれが払った税金でもって、彼らは仕事をやっているのです。それがデモクラシーというものですよ。だから、政治家はボランティア的に社会に尽くしているわけではありません。われわれに雇われて働いているだけです。なかには、党利党略、私利私欲のために働いている奴がいます。そういう奴は税金泥棒です。

財界人だって、私企業の利益のために働いているんで、世のため、国のために尽くしているのではありません。

それに、すでに述べましたが大企業がその経済活動を活発にすればするほど、地球の資源は涸渇し、エネルギー危機となり、環境は破壊されます。大企業が世の中の役に立っているなんて、嘘ですよ。

ところで、ここのところをうまく言っているのが老荘思想です。

『荘子』の「応帝王篇」にこんな問答が出ています（倉石武四郎・関正郎訳によりました）。

陽子居《ようしきょ》という人が老子に質問しました。

《ここに、ある人がいたとします。その人はすばやくてまたつよく、物事の見とおしがきき、道を学んでおこたらない。このような人は明王にも比べられるでしょうか》

それに対する老子の答えはこうです。

《その男を聖人にくらべると、小役人が仕事をして技芸にしばられ、形を労《つから》し、心をくるしめるようなものだ。虎や豹の皮の美しさが猟人をよびよせ、敏捷な猿やすばやく鼠をとらえる犬はつなにつながれる。このような男が明王などに比べられるものか》

虎や豹がその美しい皮のゆえに猟師に狙われるように、なまじ技能のある人間は、身の災いを招くのです。荘子はそう言っています。

そういえば、荘子その人が楚王から宰相になってほしいと頼まれたとき、

《生きて尾を塗中《とちゅう》にひく》

と言って断っています。楚の国に霊験あらたかな神亀があり、死んで三千年、王はこれを絹に包み大切に保管しておられる。しかし、いくら大事にされても、亀にすれば生きていて泥の中で尾をひきずって歩いているほうがいい。わし（＝荘子）も一介の野人でいたほうがいいというわけです。この話は、『荘子』の外篇の「秋水篇」に出てきます。

荘子もまた、「世逃げ」のすすめをしているのです。

そして第三に、わたしが「世逃げ」のすすめをしているのは、主として老人に対してです。いえ、別段、若い人々が「世逃げ」をしてもいいのです。古代ギリシアの哲学者のエピクロス（前三四一―前二七一）は、

《隠れて、生きる》

と言っています。これは、人間としての普遍的な生き方を教えたもので、老人だけに忠告したものではありません。

けれども、わたしはことに老人に向かって「世逃げ」をすすめているのです。若いころに一所懸命、世の中のために働いてきた老人にとっては（現在の日本の老人は、なにせ経済発展のために身を粉にして働いてきたのですから）、老人になって「世逃げ」をするのは当然の権利だと思います。しかし、このことについては、またのちほど考察することにします。

2　道徳に対する無関心

『荘子』を引用したついでに、もう一つ引用しておきます。こちらのほうは雑篇の「盗跖篇《とうせきへん》」から。福永光司訳によります。福永訳は解説を加えた自由訳になっています。

盗跖というのは、中国、春秋時代の魯《ろ》の大泥棒です。数千人の部下を従えて横行したといいます。この「盗跖篇」は、孔子と盗跖の架空問答を記したもので、以下に引用するのは盗跖が孔子を罵って言ったとされる言葉です。

《……同様のことが賢人についてもいえるであろう。世間で賢人といえば先ず伯夷《はくい》・叔斉《しゅくせい》。貴様〔＝孔子〕も〝仁を求めて仁を得た〟男などと持ちあげているが（『論語』述而篇）、この伯夷・叔斉は、孤竹《こちく》の国の王位を辞退して首陽山《しゅようざん》で餓死し、その死骸は野ざらしにされた。また、鮑焦《ほうしょう》は義士を気どって世間を誹《そし》り、木に抱きついてあたら憤死。申徒狄《しんとてき》は君主を諫めて聞き入れられず、石を背中に身を投げて魚鼈《ぎょべつ》の餌食《えじき》となった。介子推《かしすい》はまたとない忠義もの、その彼は己れの股《もも》の肉を切り取って主君に食べさしたが、主君の文公が帰国ののち彼を裏ぎると腹を立てて逃げだし、木に抱きついて焼け死んでしまった。さらにまた尾生《びせい》はこの上ない正直者。彼は女の子と橋の下でデイトし、彼女に待ちぼうけを食わされると、河の水量《みずかさ》は急に増してくるのに立ち去ろうともせず、橋げたにつかまったまま溺れ死んでしまった。この伯夷・叔斉と鮑焦に申徒狄、それに介子推と尾生の六人は、それぞれに仁義忠信の教を一途に守った世にいわゆる賢者、しかし、どいつもこいつも磔《はりつけ》にされた犬ころか土左衛門《どざえもん》の豚、瓢《ひさご》をかかえて門《かど》に立つおんぼろ乞食《こつじき》と変りはない。みな名声にとらわれて死を軽んじ、天より受けたこの生命の尊さをかみしめて、自然の寿命を全うすることを知らぬ大たわけどもだ》

盗賊が言っているのは、道徳的行為の馬鹿らしさです。盗跖が最後に挙げた尾生については、『史記』の「蘇秦伝《そしんでん》」に、

《信なること尾生の如きは、女子と梁下《りょうか》に期《き》し、女子来たらず、水至るも去らず、柱を抱きて死せり》

とあります。正直といえば正直ですが、その上に〝馬鹿〟がつきます。いったい誰のために約束を守るのですか⁉ デイトの相手の女性が喜ぶはずがありません。

そもそも、道徳とは何でしょうか……？

道徳というものは、時代や国によって違ってきます。日本人は、「食べ残してはいけない」ということで、腹がいっぱいなのに出された物を食べよと言います。人間のお腹をゴミ箱だと思っているのです。しかし、諸外国では（ほとんどの国では）、むしろ食べ残すのが礼儀です。だって、招待した側は、客が食べきれないほど出すのがもてなしですから、出された物を全部食べると、「おまえはケチだ」と言っていることになります。

また、道徳教育という点に関しては、儒教の考え方が参考になります。とはいえ、それは日本版の歪められた儒教ではありません。日本の儒教はまったく為政者・権力者に都合のよいように歪められた儒教です。われわれは本場の中国の儒教を学び、参考にすべきです。

儒教の経典で、五経の一つである『礼記《らいき》』（曲礼上篇）には、

《礼は庶人に下らず、刑は大夫に上らず》

といった言葉があります。これが儒教の本質をよくあらわしています。

これは、礼すなわち道徳は庶民には適用しない、そして高級官僚（大夫）には刑は適用しないということです。すなわち、庶民に対しては刑罰でもってびしびし取締まり、高級官僚に対しては礼（道徳）でもって臨むわけです。

この儒教の考え方だと、庶民に対して、ゴミを落とすな、不倫をするな、盗みをするな、嘘をつくな、と教える必要はありません。わたしがすでに述べたように、ゴミを落とせば罰金いくら、盗みをすればこれこれの罰を科す、と罰則を決めておいて、それを適用すればいいのです。罰則が決められていない場合は、庶民はいくら礼に反する行為をやってもかまいません。それがまあ庶民の特権なんです。

一方、エリートは礼だけです。刑は適用されません。ならば、エリートは何をやってもよいのかといえば、それは違います。むしろエリートのほうが厳しいのです。というのは、エリートは礼に反する行為をしたと疑われただけで、自殺をするか、官を辞さねばなりません。刑が適用されないのだから、疑いをかけられただけでみずからを処分せねばならない。それが礼というものです。

もっとも、現代の日本はいちおうデモクラシーの国ですから、エリートなんていません。全員が庶民だと思うべきです。ということは、日本には礼（道徳）が不要です。

逆に、現代日本において道徳があるとすればどうなるでしょうか……？　権力を握った連中や高級官僚どもは、みずからをエリートだとは思いません。官憲に逮捕された国会議員も、なかなか辞職しませんよね。すると道徳は、庶民にだけ押し付けられるわけです。庶民のほうが損します。

わたしに言わせるなら、道徳といったものは、

――強者が弱者を束縛する道具――

です。生徒が遅刻すれば、鉄の扉を力まかせに閉めて生徒を殺してしまう高校の先生は（そんな事件が一九九〇年、神戸でありました）、一回も遅刻したことはないのですか？　学校においては先生は強者で、生徒・児童は弱者です。その弱者だけを縛ろうとするのが道徳です。わたしは道徳なんて糞喰らえ！　と思っています。

ときどき見る光景ですが、大勢で会食するとき、老僧が自分に供された食事の一部を、

「わしは年寄りだから、こんなには食えん。これはおまえさんが食いなさい」

と、侍者の若い僧に譲っている場面に出くわします。若い者だって、自分の分を食べきれないほどです。食べ残しはよくないといった道徳を、老僧はそれで自分は守った気になっているのですが、まさにあれは弱い者いじめです。道徳というものは、強者が弱い者をいじめるためにあるのだということが、それで証明されるように思います。

それに、再び繰り返しますが、道徳というものは時代によって変ります。老人がいつまでも古い道徳を保持していて、それを若い者に強制するのは感心しません。それは、新入生のときに上級生にいじめられたもので、自分が上級生になったときに下級生をいじめる、旧軍隊や体育会系の学生の考え方です。道徳なんて糞喰らえ！　と思うべきです。

老人が学ぶべきは、道徳ではなしに宗教です。道徳は時代や国によって変わるものですが、宗教は、時代を超えたもの、国を超えたものが宗教です。宗教は永遠の真理です。したがって、

いわば「あの世」の教えです。

老人はその「あの世」の教えを学ぶべきです。この「あの世」の教えについては、われわれはまた別の章で考察しましょう。

3　他人に対する無関心

どうもわたしは逆説的表現、非常識な発言を好むようで、よく誤解されます。「世間に対する無関心」はまだいいとして、「道徳に対する無関心」そして「他人に対する無関心」のすすめとくれば、まじめな人からお叱りを受けるのは必定です。

ですが、『新約聖書』の中でイエスが、

《人を裁くな。あなたがたも裁かれないようにするためである。あなたがたは、自分の裁く裁きで裁かれ、自分の量る秤《はかり》で量り与えられる》（「マタイによる福音書」7）

と言っています。人を裁くというのは、他人の行動を批判的に眺めることでしょう。つまり関心を持つわけです。そしてその際、批判の基準は道徳です。道徳でもって人を裁いているわけです。

だから、イエスが言う《人を裁くな》は、他人に無関心であれ、道徳に無関心であれ、ということになりませんか。

わたしたちは、自分は遅刻しているくせに、他人が遅刻したのを非難します。自分は嘘をついているくせに、他人の嘘を糾弾します。明らかに矛盾しています。イエスが言うのは、他人の遅刻や嘘を詰《なじ》る、その裁きの基準でもって神の裁きを受けるのだ、ということです。ですから、他人を裁かない（他人に対して無関心）でいれば、わたしたちは神から裁かれることはないわけです。

ここで仏教の戒律について言及しておきます。

じつは仏教には〝戒律〟といった言葉はありません。〝戒〟と〝律〟といった、別個な言葉があるだけです。

そして〝戒〟の原語はサンスクリット語の〝シーラ〟で、これは「習慣」といった意味です。一方、〝律〟はサンスクリット語の〝ヴィナヤ〟で、「取り除く」「教育する」といった意味。したがって、「戒（シーラ）」というのは、良い習慣を身につけようとするもので、当然に悪い習慣、すなわち悪戒もあります。また、良い習慣が身につかなかったからといって、つまり戒を破ったからといって、罰則があるわけではありません。

ただし、出家者はそうではありません。出家者である僧侶は団体生活をしていますから、ある者が戒を破ると他の者が迷惑をこうむります。そこで出家者が破戒の行動をすれば、それに対してペナルティを科す必要があります。そのような罰則規定が「律」です。それ故、「律」が適用されるのは出家者に対してだけで、在家の信者には「律」は適用されません。在家の信者は「戒」だけです。

さて、在家の信者に与えられている戒は「五戒」であって、左の五つです。

1　不殺生戒《せっしょうかい》……生きものを殺さない習慣を身につけよう。
2　不妄語戒《もうごかい》……嘘をつかない習慣を身につけよう。
3　不偸盗戒《ちゅうとうかい》……盗みをしない習慣を身につけよう。
4　不邪淫戒《じゃいんかい》……淫らなセックスをしない習慣を身につけよう。
5　不飲酒戒《おんじゅかい》……酒を飲まない習慣を身につけよう。

しかし、この五戒は、われわれが完全にそういう習慣を身につけることができないものです。戒を完全に守れません。

たとえば不殺生戒です。これはあらゆる生き物の生命を殺さないのです。人間はもちろん、牛や鳥、蝶や蚊や蠅まで殺さない習慣を身につけるのです。厳密にいえば、魚を食べるのも駄目。だって魚は、われわれのために殺されたのですから、われわれが間接的に殺したことになります。「俺が殺したんじゃない。魚屋が殺したんだ」と言い張るならば、その人はやくざの親分と同じ発言をしているのです。

それゆえ、この五戒を完全に守り、身につけることはできません。戒は破らざるを得ないのです。

では、何のために五戒が制定されているのですか？

それは、われわれが戒を守ることのできない弱い人間であることを知り、そしてその弱さを

仏に、

——懺悔——

するためです。仏教ではこれを〝さんげ〟と読みます。

わたしたちが自分自身の弱さを自覚したとき、われわれは他人の弱さを赦せるのです。自分が戒を破らざるを得ない弱い人間であるように、他人もまた弱い人間です。

その他人の弱さを赦すことが、仏教の戒の目的なんです。他人を戒（道徳）でもって裁くためではありません。

ここまで来て、仏教とキリスト教が一致します。五戒があるのは、イエスが《人を裁くな》と言ったのと同じ意味なんです。

ということは、わたしたちは他人に無関心でいたほうがいいのです。他人に関心を持てば、他人を裁いてしまいます。しかし、〝無関心〟といった言葉はいかにも冷たい。そしてエゴイストのように思われます。

ユダヤ教には、こんな話があります。

道を挟んで二軒の肉屋がありました。その一軒の肉屋の主人に、神が告げます。

「おまえの願いはなんなりとかなえてやろう」

肉屋は喜んで願いを言おうとしますが、神は、

「まあ、待ちなさい。おまえの願いはすぐにかなえてやるが、向いの肉屋には、おまえに授け

てやるご利益の二倍をかなえてやることになっておる。おまえが一億円くれと言えば、おまえにすぐさま一億円やる。同時に向かいには二億円やることになっている。それを考えてから、願いを言いなさい」

と条件をつけたのです。

肉屋は困りました。しかし、彼はしばらく考えて、神に問います。

「それじゃあ、わたしが不幸を願えば、向かいは二倍不幸になるのですか？」

「それはその通りだ」

「わかりました。では、神さま、わたしの片目を潰してください」

彼の片目が潰れると、向かいの肉屋の両目が潰れます。

いいですか、これがエゴイズムです。エゴイズムというのは、他人の不幸を願うことです。他人に対する無関心は、決してエゴイズムではありません。肉屋の主人は、向かいの肉屋に関心を持たず、ただ自分の願いを神に言えばよかったのです。自分が一億円ほしいと思えば、そう願えばいい。神が向かいに二億円を与えるのは、神がそうされることであって、わたしは関心を持つ必要はありません。その二億円で向かいの肉屋が幸福になるか、それともかえって亭主が浮気をしたり、女房が不倫をしたり、子どもが非行に走って不幸になるか、それは神と向かいの肉屋の問題です。そう思って、

「向かいのことは、あっしにはかかわり合いのないことでござんす」

と言っておけばよかった。ところが肉屋は向かいに関心を持ちすぎ、エゴイストになってしまったのです。そうして片日を失うはめになりました。

同じことを、わが国、浄土真宗の開祖の親鸞《しんらん》（一一七三―一二六二）が言っています。

《慈悲に聖道・浄土のかはりめあり。

聖道の慈悲といふは、ものをあはれみ、かなしみ、はぐゝむなり。しかれども、おもふがごとくたすけとぐること、きはめてありがたし。

浄土の慈悲といふは、念仏《ねむぶち》していそぎ仏になりて、大慈大悲心をもて、おもふがごとく衆生を利益《りやく》するをいふべきなり。

今生《こんじやう》に、いかにいとをし不便《ふびん》とおもふとも、存知《ぞんち》のごとくたすけがたければ、この慈悲始終《しじゆう》なし。

しかれば、念仏まうすのみぞ、すゑとをりたる大慈悲心にてさふらふべきと云々》（『歎異抄』第四段）

［聖道門と浄土門とでは、慈悲の考え方が違っている。

聖道門で慈悲というのは、対象を憐れみ、悲しみ、保護してやろうとするものだ。しかしながら、思いのままに他人を助けることは、まずできそうにない。

そこで浄土門では、慈悲は、お念仏をして自分自身が急いで仏になり、その仏の大慈悲心をもって自由自在に衆生を助けてあげることをいう。

いまこの世にあって、どれだけ他人に同情し、相手を気の毒に思っても、完全な意味で他者を助けることはできぬのだから、そういう慈悲は所詮中途半端である。だとすれば、ただただお念仏することだけが、徹底した大慈悲心である。親鸞聖人はそう言われた」

聖道門というのは自力の仏教で、浄土門は他力の仏教です。親鸞は他力の浄土門の立場に立っています。われわれがいくら他人に同情し、気の毒に思っても、完全な意味で他人を救うことはできません。他人の救いは仏の仕事であって、仏におまかせするよりほかないのです。だとすれば、われわれは自分自身が仏になるよりほかない。つまり、「あの世」に行くのです。「あの世」の目で「この世」を眺める。それ以外に方法はない。親鸞はそう言っているのです。

そういえば、松尾芭蕉（一六四四―九四）は『野ざらし紀行』の中で、すさまじい場面を記しています。

《富士川のほとりを行くに、三つばかりなる捨子《すてご》のあはれげに泣くあり。此の川の早瀬にかけて浮世《うきよ》の波をしのぐに堪えず、露ばかりの命まつ間と捨て置きけん。小萩《こはぎ》がもとの秋の風、こよひや散るらん、あすや萎《しほ》れんと、袂《たもと》より喰物《くいもの》投げて通るに、

猿をきく人すて子にあきのかぜいかに

いかにぞや、汝父に悪《にく》まれたるか。母に疎《うと》まれたるか。父は汝を悪むにあらじ。母は汝を疎

むにあらじ。たゞこれ天にして、汝が性《さが》の拙《つたな》きを泣け》

われわれはこれを読んで絶句するばかりです。芭蕉の「冷たさ」を非難するのは簡単ですが、しかし彼があたたかくして、その捨子を助けることができるでしょうか。

《たゞこれ天にして、汝が性の拙きを泣け》——これがおまえの運命なんだ。その運命の冷酷さを泣け！

芭蕉はそう言うよりほかなかったのです。その捨子は、きっと仏が救われます。わたしたちはそれを信じるよりほかありません。それが親鸞の言いたかったことです。

そうなんです。わたしたちは他人に無関心でいたほうがよい。仏でないわたしが他者を救うことはできないのだし、それになまじ他人に関心を持てば、われわれは他人を裁いてしまいます。他人を非難します。それであれば、むしろ無関心でいてくれたほうがいい。わたしはそう思います。

＊

老いをどう生きるか……といえば、基本的には「世逃げ」のすすめになります。そして、具体的にどうすれば「世逃げ」ができるかといえば、世間と道徳と他人にむやみな関心を持たないことです。

そもそも日本人は、世間や道徳、他人に対して関心を持ちすぎています。若いあいだは仕方がないとして――本当は若者だって、あまり世間・道徳・他人に関心を持たないほうがいいのですが――、老人になってまで関心を持ち続けるのは感心できません。

老人はさっさと「世逃げ」すべきです。そのことを、耳に胼胝《たこ》ができるぐらい繰り返して言っておきます。

第五章　老人の存在意義

「おばあさん」のいる動物はヒトとゴンドウクジラだけ

手元の辞書『大辞林』を引くと、

《おじいさん〔お爺さん〕老年の男性を親しんでいう語。「隣の──」》

《おばあさん〔お婆さん〕老年の女性を親しんでいう語》

とありました。男性がおじいさんで、女性がおばあさん。ただそれだけの違いのようです。

しかし、生物学的にはおじいさんとおばあさんはだいぶ違います。

男性はいつまでも生殖能力がありますが（おじいさんになっても子どもを産ませることができますが）、女性の場合は閉経後は子どもを産む能力はありません。子どもが産めなくなったら、女性は「おばあさん」になります。

そして、チンパンジー、ニホンザル、ヒツジなどの大型動物の行動研究に取り組んでおられる行動生態学者の長谷川眞理子氏によると、「おばあさん」のいる動物はヒトとゴンドウクジラだけだそうです（長谷川眞理子編著『ヒト、この不思議な生き物はどこから来たのか』ウェッジ刊）。

ほとんどの動物において、繁殖年齢が終わると寿命も終わりになります。メスが繁殖の終わったあと、いくら長く生き続けても子孫を産めないのですから、そのメスの〝長生き〟という遺伝子は子孫に伝わりません。だから、繁殖年齢と寿命がほぼ一致することになります。
ところが、ヒトとゴンドウクジラは、繁殖年齢の終わった「おばあさん」が長生きします。なぜなのか……？　長谷川氏は、それにはきっと理由があるはずだとして、次のように述べておられます。
《では、ヒトの女性が閉経後もかなり長い間生き続けるという性質は、なぜ進化したのだろうか？　普通に考えれば、このようなことは進化しないはずなので、このことには、何か特別な進化的利益があったと考えざるを得ない。それを説明するために、クリスティン・ホークスをはじめとする何人かの人類学者たちは、これは、女性が自らの繁殖から解放されたあと、その知恵と経験を生かして自分の娘や血縁者の子育てを援助することにより、結局は、繁殖成功度を上昇させることができたからではないかという仮説を提出した。これを、「おばあさん仮説」と呼ぶ》
チンパンジーの母親は、子育てを何もかも一人でやらねばなりません。ところが、ヒトの女性は、祖母（おばあさん）の手助けを期待できます。そうすると母親の育児負担は相当程度軽減されます。したがって、ヒトの赤ん坊の離乳期はチンパンジーよりも早まり、ヒトの女性はチンパンジーよりも速い速度で次の子を産むことができるようになったのです。それが長谷川さんの意見。そして、その例として、次のように述べておられます。

《ホークスらは、タンザニアに住む採集狩猟民であるハッザの人々において、祖母の存在がどれほど若い母親となった娘の繁殖を助けるかを、詳しいデータをあげて検証している。祖母は、知恵と経験で、採集の難しい根茎などの食物を効率よく集め、母親が一人で採集できるよりも多くの食物をもたらす。また、赤ん坊の世話をすることで母親自身の労力を軽減し、母親の活動性を高める。このような直接的な利益以外にも、病気にどのように対処するか、また、社会的な対立や葛藤をどう乗り切るかなど、おばあさんが持っている暮らしの知恵がもたらす利益はたいへんに大きい》

もちろん、生物学者のすべてがこの「おばあさん仮説」を支持しているわけではありません。これに反対する学者も多いそうです。

けれども、生物学的にはともかく、わたしは「おばあさん仮説」によって、多くのことが説明できると思います。わたしたちの「老いの研究」には、この「おばあさん仮説」が有効です。

古代インド人が考えた「人生の四つの時期」

生物学的には、「おじいさん」と「おばあさん」はまったく違った存在です。ヒトの女性は繁殖能力を失うと「おばあさん」になります。しかし、男性は、基本的には死ぬまで繁殖能力を持っています。その意味では、「おじいさん」はいないのかもしれません。

けれども、わたしたちは、「おじいさん」の存在を認めましょう。人間は年をとると、男は「おじいさん」に、女は「おばあさん」になるとしておきます。そしてその上で、「おじいさん」と「おばあさん」の存在意義《レーゾン・デートル》を考えることにします。

人間は、「おじいさん」と「おばあさん」のいる珍しい動物です。人間のほかにはゴンドウクジラがいるだけです。

では、何のために、どういう理由で、人間に「おじいさん」と「おばあさん」がいるのでしょうか……?

そう考えたとき、わたしは、古代インド人が理想とした、

――四住期《しじゅうき》――

の制度を思い出します。これは人間の一生を四つの期間に分けたものです。すなわち、

1 学生期《がくしょうき》……人生の最初の時期。この期間に師より真理を学ぶ。
2 家住期《かじゅうき》……家にあってそれぞれの職業に専念する期間。
3 林住期《りんじゅうき》……森林に住む期間。つまり家を出て隠居する時期。
4 遊行期《ゆぎょうき》……その森林も出て、放浪の生活をする期間。

人生の最初は、教育を受ける期間です。そしてそのあと、人間はそれぞれの職業に従事しま

す。それが終わると、人間は引退するわけです。

ところが、古代のインド人は、この引退した人間のありようを二つに分けています。林住期と遊行期です。この二つは、どう違うのでしょうか……?

この四住期の制度を規定したものに、『マヌ法典』があります。これは、紀元前二世紀から紀元後二世紀のあいだに成立した法典で、宗教・道徳・生活規範を定めたものです。

その『マヌ法典』（第六章）は、林住期について次のように定めています（岩波文庫『マヌの法典』田邊繁子訳）。

《二　家住者（顔に）皺より、（毛髪）灰色となり、その子に子息を見るに至らば、その時、彼は森林に赴くべし。

三　耕作によるすべての食物、及び彼のすべての財産を捨て、その妻を子に託し、或はこれを伴ひて森林に赴くべし。

四　聖火、及び家庭（の祭式）に用ふる諸道具を持ち、彼は村落より森林に赴き、感官を制し（其処に）定住すべし》

そして、遊行期に関しては、次のように定められています。

《三三　されど、かくして人生の第三の部分を森林にて過したる後は、（世事に対するあらゆる）執着を捨てて、その生涯の第四の部分を遊行に過すべし。

三四　住期より住期を経、供犠を捧げ、その感官を抑制し、布施と、供物に労れたる者は遊

行しつつ、死後福祉を得》

これを読んだけでは、林住期と遊行期の区別があまり明確ではありません。

ところが、あるときわたしは、

——教育——

といった問題を考えて、その区別が明瞭になりました。

まず人間は、最初に教育を受けます。これは特定の師から教えを受けることもありますし、両親に教わることもあります。現代日本においては、ほとんどが学校教育です。この学校教育については、のちに考えてみたいと思います。ともあれ、この教育を受ける期間が学生期です。

次の家住期は、父母の時代です。教育という面でいえば、両親がわが子に教育を施します。そういう意味では、わが子の教育に責任を負う時期が家住期です。

この両親がやがて祖父母になります。『マヌ法典』が、《その子に子息を見るに至らば、その時、彼は森林に赴くべし》と言っているように、孫が生まれたころに林住期がはじまるのです。

この林住期にあって、祖父母は孫に対する教育の責任を負うています。父母がわが子に教えられないものを、祖父母が孫に教えるのです。何を教えるかといえば、言わずと知れた、

——宗教教育——

です。父母には宗教教育ができません。祖父母によって、はじめて宗教教育ができるのです。

この点もあとで詳しく考察しましょう。

そして最後に、孫に対する教育責任からも解放される時期が来ます。孫が一人前のおとなになったときです。そのとき老人は遊行期に入るのです。

そう考えると、林住期と遊行期の区別が明瞭になります。

義務教育の本質は兵士教育

われわれ現代日本人は、教育といえばすぐに学校教育・義務教育を考えます。ですが、学校教育・義務教育が始まったのは、フランス革命（一七八九—九九）後のフランスにおいてですから、たかだか二百年の歴史です。日本においても、明治維新以後の近代国家になって、学校教育・義務教育が始まったのです。

そして、そのような学校教育・義務教育の本質は兵士教育でした。

フランス革命以前の戦争は、国家は国王の持ち物ですから、国王が傭兵を使ってするものでした。ところが、革命によって国王を追い出すと、国家は国民の物となり、国民が国民軍をつくって戦争をしないといけないことになります。そのために教育の必要性が生じたわけです。

日本においても、江戸時代の武士は支配階級であって、一般庶民は武士になろうとしてもなれなかったのです。しかし、明治維新によって幕府を倒せば、天皇制国家の兵士は国民から徴兵せねばなりません。そこで兵士教育を早い段階から行なうために、学校教育・義務教育がはじまったのです。

年表（『近代日本総合年表』岩波書店）を見ていて気づいたのですが、明治政府は明治五年（一八七二）の八月三日に学制を頒布しており、同年十一月二十八日に徴兵の詔書を出しています。これでもって、義務教育が兵士教育と接続したものであることがわかるでしょう。

兵士教育であるから、学校教育はいわゆる標準語なるものによって行なわれます。本来の教育は親が子に教えるものであって、それはその人が日常話している言葉によって行なわれます。いわゆる方言です。ところが、徴兵して兵士にした場合、方言だと具合が悪い。お互いに通じませんし、命令ができない。それで方言を追放し、あわててつくった標準語で教育をしました。戦前の沖縄の小学校などでは、学校で方言を喋った者は懲罰的な「方言札」を首にぶら下げさせられて、誰か方言を喋った者を見つけるとその札を相手に渡す、そんな教育がなされていたのです。家族が日常使っている言葉がよくないものと否定されるわけです。おかしな教育です。それもこれも、兵士教育だからなのです。

食べ物に関していえば、人に好き・嫌いがあるのはあたりまえです。けれども、兵士に採用したとき、あれが嫌い、これは食べられないと言われると困りますから、義務教育によって何でも食える豚みたいな人間に改造するわけです。

また、食事はゆっくりと、会話を楽しみながらするものです。フランス人は、会話が主食で料理は副食だ、と言っています。ところが兵士教育ですから、日本では「黙って食べなさい」

「早く食べなさい」と教わります。ゆっくり食べていては戦争ができませんものね。

このように、学校教育・義務教育の本質は兵士教育です。すぐれた兵士をつくることが目的の教育です。真の意味での人間教育は、家庭においてしかできません。わたしはそう思います。

祖父母が孫に宗教教育をする

さて、子どもの教育ですが、基本的には両親がわが子を教育します。長い人類の歴史において、子どもの教育はまず親が担当して行なわれます。学校における義務教育なんてものはたかだか二百年の歴史ですから、人類の歴史の中では、ほんの瞬間的なものです。
両親による子どもの教育は、原則的には、
父親が男の子に……職業上の技術を教え、また仲間とつき合う智恵を授け、
母親が女の子に……ハウスキーピング（家事）と育児の技術と、同時に男を誑《たぶら》かす智恵（亭主操縦の技術と智恵）を教えます。
たとえばカウボーイであれば、男の子に父親が投げ縄をはじめ、牛を管理するノウ・ハウを教えます。また、仲間とのつき合いのための酒の飲み方などを教えるのです。
女子は母親から、男どもをうまく操縦するテクニックを習います。これは母親でないと教えられません。

昔はこのように、父親と母親が分担して、息子と娘に実生活を生きる技術と智恵を教えました。現代の教育で、たとえば男の子に酒の飲み方を、女の子に男を誑かすテクニックを教えるでしょうか。それを教わっていないから、妻は夫をうまく操縦できずに、すぐに離婚ということになるのではないでしょうか。私事ですが、わたしの父は戦争で死んでしまったもので、父から酒の飲み方を教わりませんでした。だから、わたしは自分の息子にうまい酒の飲み方を教えられなかった。残念でなりません。

やがて息子や娘が成人し、結婚します。そして彼らに子どもが生まれると、家住期の人間は林住期に入ります。いわゆる老人になります。

すると、この老人、祖父母は孫を相手に教育をせねばなりません。

この祖父母による教育は、父母がやる教育と違ったものです。どう違うかといえば、

父母による教育は……世間の物差しにもとづいて行なわれる職業教育。

祖父母による教育は……世間の物差しを否定した、もう一つの物差しを教える宗教教育。

家住期にある人間は、端的にいえば金稼ぎのために生きています。彼らは、競争原理の支配する世界の真っ只中に生きていますから、ここで通用する物差しは「損得の物差し」です。両親、とくに父親がわが子に教えるのは、世智辛い世の中で負け犬にならないようにうまく生きる、世故《せこ》に長《た》けた智恵です。

けれども、そんな世故長けた智恵、世智辛い智恵しか教わらなかった子どもは、欠陥人間に

なっています（考えてみれば、エコノミック・アニマルと呼ばれている日本人は、そのような欠陥人間かもしれません）。人間は、もう一つの物差しを教わらねばならないのです。

そのもう一つの物差しを教える役目にあるのが、林住期の人間、つまり祖父母です。

これが「おじいさん」「おばあさん」の役割です。古代のインド人は、『おじいさん』「おばあさん」の存在価値をちゃんと認めていたのです。

ただし、この言い方だと、誤解を受けるかもしれません。われわれは老人になって、あわてて宗教にもとづいたもう一つの物差しを学び、それを孫に教えるのだ、と。

そうではありません。教育を受ける側から考えてみましょう。

われわれは幼児期から少年少女時代にかけて、主として両親から「読み、書き、そろばん」を教わります。これを欧米では「スリー・アールズ（3R's : reading, writing, arithmetic）」といいます。そして同時に、こちらのほうは主として祖父母から、宗教教育を受けます。これがもう一つの物差しです。

そして、この幼年期・少年少女期に受けた宗教教育は、ずっとその人の人格の根底にあります。消えてなくなるものではありません。

次に、少年少女期の後半から青年期にかけて、主として両親から世智辛い智恵、世故長けた智恵を学びます。そしてその人が家住期になると、そのような世智辛い智恵にもとづいた損得の物差しを振り回して日常生活を送るわけです。この期間は、その人の持っている宗教的な智恵は、一種の休眠状態にあると言ったほうがよいでしょう。でも、あまり世の中に出ない女性は、世智辛い智恵に毒されることは少ないのですから、男性よりは宗教的であるといえます。

さて、家住期が終わって林住期に入ると、人間は損得の物差しを使う必要がなくなりますから、休眠状態にあった宗教的な感性が再び活発になります。そしてそれを孫に伝えるわけです。

こう考えると、現代日本において何が問題かがよくわかります。

まず、学校教育ばかりが教育だと思われて、祖父母による孫に対する宗教教育がありませんから、日本人は宗教心なしで損得の物差し一本になってしまっています。また、女性が世の中に進出していますから、母親が父親に劣らず世智辛くなり、損得の物差し一本になってしまっています。その結果、日本人はエコノミック・アニマルになります。この〝エコノミック・アニマル〟は〝金の亡者〟と訳すべきでしょうね。人間が商品価値だけで評価される社会、それが現代日本の社会なんです。

義務教育における宗教教育には反対！

前章において、「道徳」なるもののいかがわしさについて述べました。また、学校教育において、道徳教育をする必要のないことも指摘しました。いや、そもそも道徳なるものが、

——強者が弱者を束縛する道具——

であれば、学校教育においては、生徒たちは学校側が押し付けた「道徳」によって縛られています。そうであれば、わたしたちはその欺瞞を暴き、子どもたちにいかがわしき道徳の犠牲にならないように配慮してあげたほうがよいのではないでしょうか、わたしはそう思います。では、「宗教教育」についてはどうでしょうか。現在、日本においては、学校教育の中で宗教教育がなされていません。それを嘆く人々が多いのですが、どう考えればよいのでしょうか。

わたしは、学校教育において宗教教育をすべきでないと考えています。

理由は簡単です。小中学校の教員の中には、いろんな宗教の信者がいます。先生がどんな宗教を信じるかは、もちろんその先生の自由です。われわれは信教の自由を尊重すべきです。ですが、わたしは、わたしの子どもには、新興宗教の信者や国家神道の猛信者による宗教教育をしてほしくはありません。いや、宗教ばかりでなしに、いかなるイデオロギーも教えてほしくない。義務教育の学校は、児童や生徒に「読み、書き、そろばん」だけを教えればいいのです。

人生を一本の樹木に譬《たと》えると……

話を戻して、ここで人間存在を一本の大きな樹木に譬えてみましょう。

樹木には根があります。大きな樹木であればあるほど、根の部分が大きいのです。この根の

部分が、じつは、

——宗教的人間——

です。人間にとって、幼児期に受ける宗教教育が根になります。これがしっかりしていないと、立派な木にはなれません。

現代日本人は、根を持っていないのではないでしょうか。だから、現代日本人は嵐に弱いのです。最近の日本人の自殺率は世界一だそうです。

次に、樹木の幹の部分が、

——家庭的人間——

です。この幹の部分も、根に劣らず重要です。にもかかわらず、現代日本人は、この幹の部分も弱いのです。ということは、現代日本人は草花的人間といったほうがよさそうですね。すぐに枯れてしまいます。

その次は枝葉です。この枝葉が、

——社会的人間——

です。あるいは、「経済的人間」と呼ぶべきでしょうか。経済活動を積極的に営む時期です。

最後に花実です。樹木は花を咲かせ、実をつけます。これを、

——出世間人間——

と名づけておきます。いわゆる老人です。老人は本質的に「世捨て人」です。世間を離れた

人間です。インド人はこの時期の人間を「林住期」「遊行期」と呼びました。家を出、世間を離れて生活します。いえ、家の中、社会のうちに生活していていいのです。ですが、意識の上では家と世間を離れなければなりません。

したがって、出世間人間は、まさしく「自由人」です。世間の柵《しがらみ》に束縛されず、子や孫に対する教育責任からも解放された「自由人」です。

そして、出世間人間は、ある意味で、

――あの世――

に帰属します。老人はこの世に生きながら、半分あの世に生きているのです。植物において花実がそういうものです。とくに果実は、新しい樹木の種なのです。

ここに輪廻転生《りんねてんしょう》がありそうです。

輪廻の思想は、古代のインド人が考えたもので、現在もインド人はその根底において、輪廻を信じています。すなわち、人間は、

――天界、人間世界、修羅の世界、畜生界、餓鬼の世界、地獄界――

の六つの世界（これを六道《ろくどう》といいます）を生まれ変わり、死に変わりする、という思想です。そう聞けば、日本人は、あまりにも荒唐無稽のおとぎ噺《ばなし》と思うかもしれません。

しかし、われわれの人生が一回限りのものと考えるのは、なんとなく淋しいですね。人生が死をもって完全に終ってしまう。現代日本人はそう考えるから、この人生に絶望したとき、簡

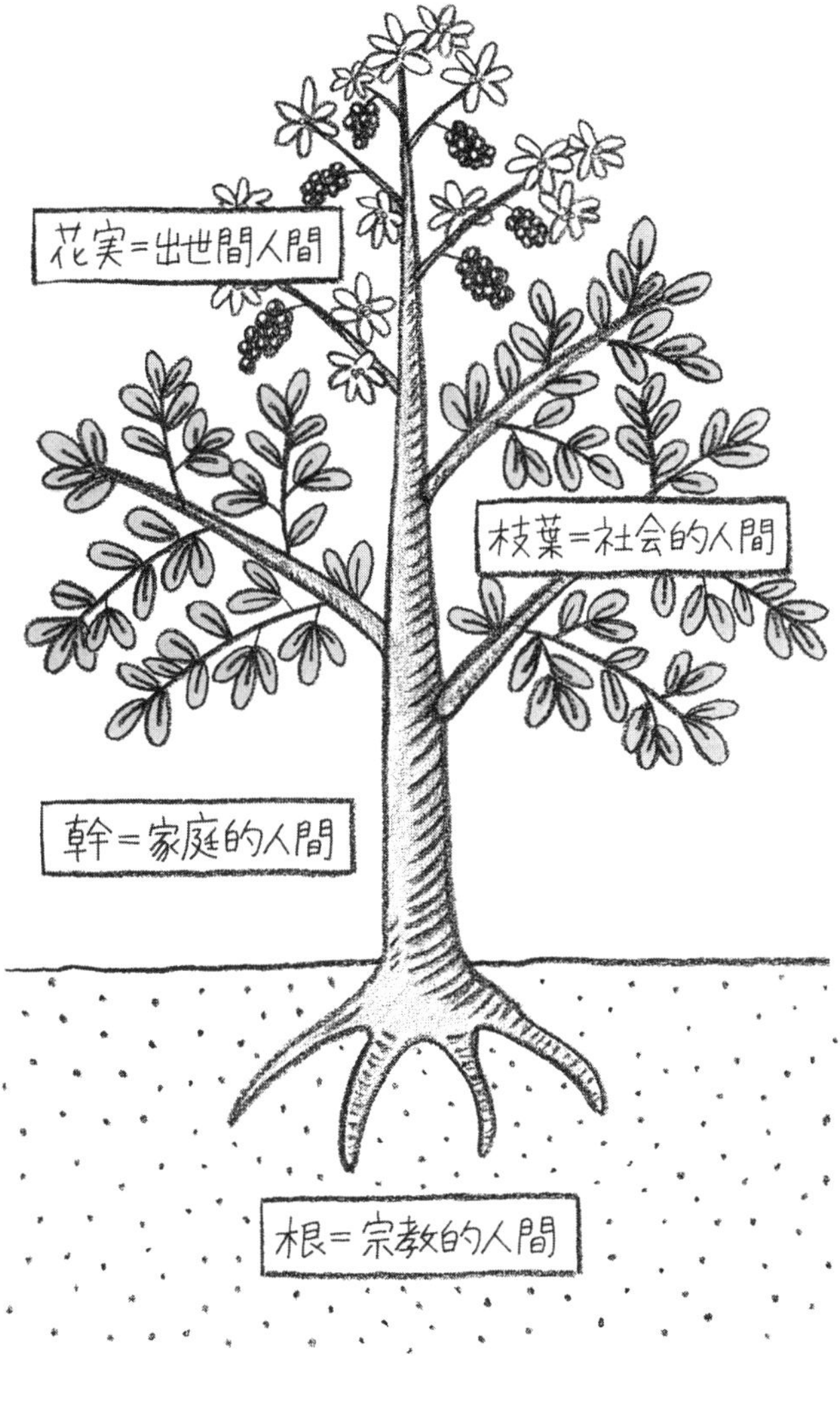
花実＝出世間人間
枝葉＝社会的人間
幹＝家庭的人間
根＝宗教的人間

単に自殺を考えます。

インド人の考えた輪廻の思想は、生命の連続性を考えたものです。

だから、インド人は、この人生を大事にします。たとえば、インドには大勢の路上生活者がいます。物乞いによって生きる人々です。彼らは何も失う物がありません。そうであれば、無銭飲食をしたり、こそ泥をしたりして刑務所に入れば、三度の食事と住む場所が保証されます。それなのに、彼らはそんな犯罪をしません。なぜかといえば、この人生の残りは十五年、二十年、あるいはどう考えても五十年、六十年ぐらいです。その六十年のために、次の世で地獄に生まれると一兆六千二百億年（それが最低刑期の地獄の刑期です）の苦しみを味わわねばなりません。それであれば、この世で五十年、六十年の苦しみに耐えるべきです。彼らはそう考えるのです。

それはともかく、われわれは輪廻を信じなくていいのです。信じよ！　と言われても、なかなか信じられないでしょう。しかし、人生を樹木に譬えたとき、花と実から次の樹木が生まれます。その意味では生命は連続しています。そして、出世間人間である老人は「あの世」に属しており、その老人が孫たちに宗教教育をすることによって、老人が持っている「あの世」の智恵が若い孫たちに伝わります。そういったかたちでの生命の連続と考えてみてはどうでしょうか。そうすると、インド人の考えている輪廻の思想に近づくと思います。

いずれにしても、老人は出世間人間であり（いや、出世間人間であるべきであり）、そして「あの世」の智恵を持つべきです。それを孫たちに教えます。そうすることで、孫たちは宗教的人間になれるのです。

では、老人の持つべき「あの世」の智恵とは何でしょうか……？　それについては、次の章で考察しましょう。この章の残りにおいては、われわれ現代日本人が、「あの世」ならざる「この世」をどのように生きているか、その特異な点を考えてみます。

豊かな社会がもたらす四つの矛盾

「特異」というのは、いまわたしたちが生きている日本の社会は、これまでの人類が生きてきた社会と大きく違っていることです。早い話が、日本は長寿社会です。人間がこんなに長生きする社会は過去にありません。そのような特異な社会に、われわれは生きているのです。

しかもなおかつ、わたしたち現代日本人は「あの世」の智恵を老人から教わっていません。「あの世」の智恵とは何か？　それは次章で明らかになるのですが、いわゆる年寄りの智恵でもあるし、宗教心でもあります。どう考えてみても、わたしたちはそれを学んだことがない。というのは、われわれ（わたしはいま六十八歳です。明らかに出世間人間です）が幼少のときのおとなたちは、「この世」のことばかり考えていて、「あの世」には無関心でした。だから、誰も「あの世」の智恵なんて持っていません。みんながみんな、「生涯現役」なんて言って、「この世」にしがみついています。おそらく「あの世」の智恵——宗教心——を持たずに生きている民族は、数少ないと思います。現代日本人と中国人、そして一部を除いたアメリカ人だけだと思います。

そういう特異な民族が特異な社会に生きている。それが現代日本人です。で、そういう特異な日本人がどんなふうに生きているか、それをちょっと考察しておきます。そうすることによって、次章で論ずる「あの世」の智恵の必要性がおわかりいただけると思うからです。

1　平等社会

現代日本の社会を一言で特徴づけるなら、ちょっと陳腐な言葉ですが、

——豊かな社会——

と言うべきでしょう。長い人類の歴史の中で、こんなに豊かな社会を築いた民族はほかにありません。ただし、ごく一部の支配階級が贅沢きわまる生活をしていた社会は、ほかに数多くあります。現代日本の社会が豊かなのは、大多数の国民が豊かな生活をしていることです。

この点で日本人は誤解していますが、インドは貧しい国とされています。しかし、インド人に言わせると、人口の一割程度の人間は日本人と同等以上の金持ちだそうです。インドの人口は正確にはわかりませんが、一説によると約十億ですから、そうすると一億ほどの人々が日本

人と同じか、あるいはそれ以上に豊かなんです。

そして、その一割の豊かなインド人のうちの一割――全人口の一パーセント――の人間が、どえらい金持ちなんです。どれくらいの金持ちかといえば、その豪邸のうちになにせプールが三面もあるそうです。そのうち一面は主人たちと来客用で、もう一面は使用人のためのプールです。では、残りの一面は……？　と問えば、インド人は笑いながら、

「だって、お客さんのうちには泳げない鉄槌《かなづち》がいるでしょう。そういう泳げないお客さんのために、水を張っていないプールを用意しておかなくっちゃ……」

と教えてくれました。もちろん、これはジョークです。でも、そういうジョークが語られるほどの大金持ちが、人口の一パーセントもいるんです。約一千万人です。だとすると、日本とインドと、どちらが本当の意味で豊かでしょうか……？

それはともかく、豊かな日本の社会の特色は、「平等社会」であることです。この点では、誰も異論がないと思います。

じつは、この「平等」ということが、なかなか厄介なんです。人類は「平等」を夢見てきましたが、本当に「平等」がいいものかどうか、現代日本の社会を見ているかぎり、わたしは首を傾げたくなります。

というのは、動物の社会には「平等」なんてありません。明らかに強いものと弱いものがいます。

そして彼らは、じつはその「力の落差」をうまく利用して、攻撃を抑制しているのです。

たとえばイヌです。イヌは自分のテリトリー（縄張り）にオシッコをします。それで自分のテリトリーを示しているのです。その臭いによって、相手がどれぐらい強いかわかりますから、どのイヌも自分より強いと思う相手とは闘いません。相手と同等だと思えば、互いに威嚇行動をして、かなわないと思ったほうが尻尾を巻いて逃げて行きます。相手が逃げれば、強いほうは絶対に攻撃しません。

ニホンザルにおいては、マウンティングと呼ばれる行動があります。普通マウンティングといえば、哺乳類のオスがメスの尻に馬乗りになって交尾の姿勢をとる行動です。しかし、ニホンザルの場合、彼らは社会的順位を確認するために、上位のものが下位のものに対してマウンティングをやります。二匹のニホンザルが出会うと、弱いものが強いものにさっと尻を差し出します。すると強いものがマウンティングをし、それで終わりです。それ以上の攻撃は加えません。こうして彼らは群れの秩序を保っているのです。

動物のあいだには、「降伏」のサインがあります。そして、弱いものがこの降伏のサインを出せば、強いものは弱いものを攻撃できなくなります。それで動物のあいだでは、秩序が保たれています。

だが、異種の動物のあいだでは、このサインの読み違いによって悲劇が生じます。

シチメンチョウとクジャクは類縁の近い鳥類で、オスとしての表現行動もよく似ています。

それで敵愾心がそそられるのでしょう、両者のあいだでしばしば争いが起こります。そして、悲劇が生じるわけです。

というのは、シチメンチョウはクジャクよりも大きく、体重も重いのですが、喧嘩はクジャクのほうが強いのです。それでシチメンチョウはすぐに降伏のサインを出します。それは、地上に腹這いになって長々と首をのばすのです。

ところが、クジャクにとって、この姿勢は、「俺はまだまだ闘えるぞ」のサインであって、降伏のサインではありません。だから、クジャクはますます攻撃を加え、シチメンチョウはますます首を長くのばすわけです。まさに悲劇です（コンラート・ローレンツ『ソロモンの指環』参照）。

しかし、これは異種の動物のあいだで生じる悲劇であって、同種の動物のあいだではこのような出来事は起きません。動物社会においては、強者と弱者という一種の「力の落差」を利用して、うまく攻撃が抑制されているのです。

さて、問題は現代日本社会です。

「平等」をタテマエとする日本社会においては、力の落差がありません。実際は力の落差はあるのですが、それはあってはならないとされていますから、ないことになります。そうすると、動物的本能が働かなくなり、強い者による弱い者いじめがはびこるのです。

小中学校や高校、大学に見られるいじめは、腕力・体力の強い者が弱い者をいじめるのは普通には悪いことだとされますが、いじめる側の言い分を聞いてみると、「お互い平等なんだから、殴られたら殴り返してくればいいじゃないか」となります。

じつは、この論理は社会の隅々にまで及んでいます。零細企業が大資本に対して泣き言を言えば、「それなら、おまえのほうでも企業努力をすればいいじゃないか。うちはなにも法律に反するようなことをしていない」と言われるだけです。強いものの弱いものに対する思い遣りがありません。「平等だから、弱いものが負けるのはあたりまえ」といった考え方が、社会に蔓延しているのです。

＊

では、どうすればいいでしょうか……?

じつは、動物が持っている本能は、そのままでは人間社会に通用しません。動物は弱いほうが降伏のサインを出せば、強いほうが攻撃できない仕組みになっています。それが本能ですが、人間にはこの本能がなくなっています。ほうっておけば、相手が死ぬまで攻撃しかねません。だから、それゆえにこそ、人類は文化を発達させました。その文化の一つが、

――ノブレス・オブリージュ――

です。これは「高貴なる者の義務」と訳されるフランス語で、ノブレス(高貴なる者)はそれだけ義務が大きいといった考え方です。

たとえば、一九八二年のフォークランド紛争の際、イギリスのアンドリュー王子は真っ先に軍艦に乗り込んで戦場に赴きました。彼は国王の息子であり、身分の高い高貴なる人間です。だから、それだけ義務が大きいのです。

でも、国王の息子だから、戦場に行っても、どうせ弾の飛んで来ない場所にぬくぬくといるのだろう……と、われわれ日本人は邪推します。それは日本にノブレス・オブリージュの思想がないからであって、実際は、アンドリュー王子は危うく戦死しかけたのです。

また、イギリスにおいては、第一次世界大戦も第二次世界大戦も、ともに戦場における戦死率は、貴族のほうが庶民よりも高かった。これがノブレス・オブリージュです。

人間社会においても、現実に強者と弱者があります。その場合、強者のほうの義務を大きくすることによって、「公平」が回復されます。ところが、現代日本の社会は平等をタテマエにしていますから、義務に関しては強者と弱者が同じになります。そうすると、当然、弱者のほうが負担が大きくなります。タテマエの平等が結果としての不平等をもたらすことになります。

人間が発明したもう一つの文化は、

——布施——

の思想であり、これは主として仏教が教えるものです。これも現実社会に強者と弱者があり不平等であるのを、強者の負担を重くすることによって公平を保とうとする思想です。

布施は、強者から弱者への施しです。けれども、どうやら日本人は布施の思想を誤解しているようです。日本人にかかると、布施は、強者が弱者に恩恵的に、また恣意的に施すことになってしまいます。だが、仏教が説く布施は、そのようなものではありません。強者は人間の義務として、弱者に施しをすべきです。それが仏教の本来的な意味での布施です。

したがって、布施において感謝すべきは、施しを受けたほうではなしに、施した者です。つまり、貰った者が「ありがとう」と言うのではなしに（言ったってかまいませんが）、施した者が、

「あなたが受けてくださって、わたしは人間としての義務を果たすことができました。ありがとう」

と言うのです。そうしたとき、本当の布施になるのです。

〈俺がおまえに施してやったんだぞ。おまえは俺に感謝しろ〉

といった気持ちがあったのでは、本当の布施にならないとされています。

ところが、平等をタテマエとする日本の現代社会では、この布施のこころが機能しません。施しがなされても、それは見掛けだけの施しであり、施した者はそれをいつか取り返したいと思っています。つまり、施しは一時的な貸し付けであり、将来の返済が予定されています。その将来の返済が期待できないときには、強者は弱者に布施しようとはしません。そうすると、弱者に救いがなくなります。しかし、日本人は平等をタテマエにしていますから、日本には弱者は存在しないのです。だから、弱者の救済がなくても困りません。平気でいられるのです。

＊

このように、タテマエの上での平等社会というものは怖ろしい社会です。ですが、日本人は、その怖ろしさに気づいていません。

なぜ気づかないかといえば、それを教える年寄りがいないからです。

すでに伏線的に示唆しておきましたが、本来、年寄りは「あの世」に属しています。年寄りの役目は、現実社会が損得勘定や能率主義、功利主義、あるいは弱肉強食の思想によって運営され、閉塞状況に陥ったとき、そこに「あの世」の思想を持ち込んで風穴を開けることにあるのではないでしょうか。

ところが日本の老人たちは、ちっとも「あの世」の思想を持ち込んではくれません。知らないから、持ち込めないのです。そうすると現実社会は閉塞状況になったまま、風穴が開かないでいます。

いま、日本はそういう状況にあります。

その意味で、いま、日本の社会は、真の年寄りを必要としているといえるでしょう。わたしはそう思っています。

2　物余り社会

豊かな日本社会のもう一つの特色は、

――有り余るほど物がある――

ことです。人類はこんな豊かな社会を夢見てきましたが、現実に出現した物余り社会は、さてわたしたちに幸福をもたらしてくれたでしょうか……?

「ノー」です。わたしは「ノー」と即答します。

なぜなら、物余り社会は必然的に「競争社会」を生みだすからです。

多くの人が勘違いをしていますが、人間は物が足りないから競争するのではありません。二人の人間に一個しかパンがない場合、競争の勝者がパンを獲得するシステムであれば、敗者は飢え死にします。しかも勝者は、また次の競争をせねばなりません。そうすると、結局は共倒れになってしまいます。したがって、そこでは競争をせず、一個のパンを二人で分け合って食べるようにするでしょう。

けれども、二人に三個のパンがあれば、まずは二人に一個ずつパンを与えます。そうすれば、二人とも飢え死にしません。その上で、「さあ、競争してごらん。勝ったほうにもう一個のパンをあげるからね……」となるのです。

現代日本の社会が、まさにそのような物余り社会であって、それゆえ競争社会になっているのです。
しかも、奇妙なことに、日本の社会はタテマエとしての平等を原則としています。とすると、競争の勝者が二個のパンを獲得し、敗者は一個しか貰えないのでは、平等のタテマエが崩れてしまいます。そこで、

——競争はするけれども、結果としては競争をしない——

といった、変な競争になってしまいます。ご存じのように、幼稚園や小中学校の運動会で、園児や児童・生徒に徒競走をやらせます。彼らはゴール寸前まで走って、そこで遅れた者を待って、全員で手をつないでゴールインします。おかしな競走ですが、それでもって競争原理と平等のタテマエを共立させているのです。

では、外国ではどうでしょうか？

一例としてオーストラリアにおいては、学校で運動会をやりますが、これは自由参加です。運動会に参加したい者だけがやって来て、競争するといいます。そのように教わりました。

日本においては、全員に運動会への参加を義務づけているから、競争ができないのです。たとえば、美人コンクールに応募した女性に、点数をつけるのはかまいません。だって、点数をつけてほしくて応募してきているのですから。けれども、あなたが会社の女性の全員に美人度の点数をつけるなら、セクハラになります。明らかに女性の人格を侮辱しています。

つまり、競争は自由参加を原則とします。競争したい者だけが競争すればいいのです。そう

すれば、どこからも文句は出てきません。

ところが、日本においては、タテマエとしての平等がありますから、競争にも全員が参加しなければならない――と考えられています。この場合は、義務の平等です。つまり、全員に運動会に参加する義務を負わせるわけです。

そして、その結果、実質的な競争ができなくなってしまった。それが日本の社会の現状です。

その点、アメリカ人などは競争が大好きです。アメリカ文化の根底にあるのは「自由競争の原理」です。

もちろん、アメリカにも「平等」の原則はあります。しかし、アメリカ人の言う「平等」は、競争を始めるにあたってのスタート時点での平等です。それが保証されていればいいのであって、結果において大きな差が出てくるのは当然です。その差をつくるために競争するのです。

日本人は、むしろゴールにおける平等を考えているようです。

では、結果的に大きな差がついたあとはどうなるでしょうか……? 心配いりません。勝者に対してはノブレス・オブリージュがあります。勝者は敗者に思い遣りのこころを持たねばならないのです。

逆に現代日本人は、このノブレス・オブリージュがないから(あるいは布施の心を持たないから)、競争によって大きな差がつけられないのです。そこで日本人のやる競争は、まことに奇妙なものになります。

＊

この点においても、現代日本には老人が教えてくれる「あの世」の智恵が必要です。

——競争をやめろ！——

と、老人は言うべきです。それが「あの世」の智恵なのですから。

もう十年も前に聞いた話です。

ある田舎の高校の運動会で、最終競技として一年から三年までの全員が参加するマラソンがありました。マラソンといっても、四キロのレースです。

スタートのピストルで、全員が走り始めました。……と思いきや、じつは全員がのろのろと歩き始めたのです。先生は必死になって、マイクで、

「みんな、何をしている!? 走れ、走るんだ！」

とがなり立てます。が、誰も走ろうとしません。のろのろと、いやいやながら歩くのです。異様な光景だったそうです。

わたしには、高校生の気持ちがよくわかります。なんで、しんどい思いをして四キロも走らないといけないのですか？ 走りたい者が、競争したい者が走ればいいのです。

だが、学校の先生は、それがわかりません。前にも指摘しましたが、学校教育というものは本質的に兵士教育です。国民を強い兵士にするためには、四キロの道を走れる人間にしておく

必要があります。だから、義務的・強制的に全員を走らせようとします。「馬鹿なことをやめよ！　なにも全員が競争に参加する必要はない。いや、そもそも人間どうしを競争させることがよくないことだ」

と、誰かが言わねばなりません。

その「誰か」は、「あの世」に属する老人です。高校生や、ましてや小中学生に、そんな発言はできません。かりにできたとしても、誰も耳を藉《か》さないでしょう。「この世」に属する人は、この世の物差しでものを考えます。日本人にとってのこの世の物差しは、競争讃美のそれです。だから、「この世」に対する異議申し立ては、「あの世」の側からなされねばならないのです。

そして、そこのところに老人の存在意義があるわけです。

3　少子社会

一人の女性が一生のあいだに産む子どもの数を平均したものを合計特殊出生率といいます。これが二・〇六人であれば、世代間の単純再生産が可能です。したがって、これを人口置き換え水準といいます。簡単にいえば、一人の女性が平均して二・〇六人の子どもを産めば、人口は横ばい状態になります。

ところが、この合計特殊出生率が、一九六六年に一・五八人になりました。しかし、この六六年は丙午《ひのえうま》の年であって、一・五八人という数字は一時的な現象として、あまり問題になりませんでした。問題は、一九七三年の二・一四人以降、この合計特殊出生率の低下が続き、八九年にはついに一・五七人になったことです。丙午の年の数字を下回ったわけで、「一・五七ショック」といった言葉が生み出されました。しかも、この後も低下傾向は持続し、二〇〇二年には史上最低記録の一・三二人になりました。

というわけで、日本は完全な少子社会になったのです。

では、少子社会は何を意味するのでしょうか……？

日本が少子社会になった理由は、親が老後の面倒をわが子に見てもらう必要がなくなったからです。明治以降の日本は家族の紐帯を壊し、年金制度といったもので自分の老後に備えようとする社会をつくりました。そうすることによって経済活動が活発になり、豊かな社会が出現し、それが逆に子どもに老後の面倒を見てもらう必要をなくさせたのです。その結果、子どもを生む必要はなくなりました。もっとも、その年金制度が本当に安心できるものか否か、わからなくなっています。年金制度が破綻すれば、年寄りはどうすればいいのでしょうか。馬鹿ですねえ、日本人は。そのような日本にした政権党を支持しつづけた年寄りがいけないのです。自業自得だと思うべきです。

それはともかく、少子社会というのは、未来に希望のない社会です。明るい未来があれば、人口は増加します。日本人が子どもを生まなくなったのは、お先き真っ暗な日本だからです。

だって、そうでしょうよ。幼児の頃からおかしな競争を強いられる子どもたちは不幸です。親としては、子どもを競争に勝たせたい。それには少数精鋭で行くよりほかありません。数多くの子どもを生んだのでは、一人の子どもに対する投資が少なくなり、子どもは競争に負けてしまいますから。

いや、それよりも、わが子を激烈な競争に巻き込みたくない。それには子どもをつくらないほうがいちばんいい。そういう考えになりますよ。

とすると、こういう社会にした年寄りがいけないのです。老人にその責任を自覚してもらわねばなりません。

4　長寿社会

日本にいちばん老人が少なかったのは、昭和十年（一九三五）でした。この年、六十五歳以上の人口が総人口に占める割合は四・七パーセント。以来、この高齢化率は連続的に上昇をつづけ、二〇〇〇年には一七・三パーセントに達しています。

しかも、この高齢化率は今後も上昇が予想され、二〇二〇年には二七パーセントになるだろうと言われています。もちろん、世界一の高齢化率です。

それだけではありません。問題はもう一つあって、この高齢化のスピードが日本はあまりにも速いのです。すなわち、日本で高齢化率が一〇パーセントに達したのが一九八四年で、二〇パーセントに到達すると予想されるのが二〇〇五年で、二十一年間で高齢化率が倍増するわけです。ところが、スウェーデンやイギリスなどの西欧先進国は、ほぼ七十年をかけてゆっくりと倍増しています。七十年に対して二十一年。いかに日本が猛スピードで高齢化社会になっているかがわかると思います。

ゆっくりとした高齢化であれば、社会もそれなりに対応できるでしょう。しかし、あまりにも猛スピードだと、対応が困難です。いま、日本の社会には、あちこちに高齢化の歪みが見られます。

この高齢化の原因は、一つには少子化による若者人口の減少と、もう一つは人間が長生きできるようになったことです。平均寿命は、

一九四七年……男子五〇・一歳、女子五四・〇歳

二〇〇二年……男子七八・三歳、女子八五・二歳

となり、日本は世界一の長寿国になっています。そして、平均寿命の男女格差は六・九歳となり、これは過去最大です。やはり男のほうが弱いのですね。

人間が長生きできることはいいことです。しかし、長生きすれば、脳が老化します。そうするとアルツハイマー病や脳動脈硬化などによって、呆《ぼ》け症状が出てくる可能性があります。

この呆けの問題は、なかなか厄介です。

赤ん坊の世話は、動物的本能でできるものです。赤ちゃんのおむつを取り替えるのは、誰に

でもできます。赤ん坊のまるまるとしたお尻や脚は、野獣ですら攻撃できません。自然は赤ん坊を、野獣でさえも攻撃できないように、かわいらしくつくっているのです。

だが、老人のしなびた尻、黒ずんでやせ細った脚を見て、誰が〈かわいい〉と思いますか。むしろ憎しみさえ湧いてきます。

その老人のおむつを取り替えるのですよ。赤ん坊と同じにはいきません。つまり、動物的本能によっては解決できない問題なのです。

長寿社会ということは、そのような問題をわれわれに投げかけているのです。

そして日本人は、それを経済問題にすり替えて解決しようとしています。老人に金を持たせるとよい。そうすればその金に引きずられて、若者が老人の世話をするだろう……。だいたいにおいて、日本の政治家・官僚が考えることは、その程度です。

でも、そうは問屋が卸してくれるでしょうか？

いくら金を貰っても、年寄りの世話なんていやだよ……と、若者は言いませんか。

これは年寄りが悪いのです。

人間、誰だって、独りで気ままに生きるほうが気楽でいい。それで、気楽な暮らしができるうちは、気ままに会社人間でいて（いや、仕事をしてもいいのです。しかし、子どもと離れて仕事中心で生きている姿勢が問題です）、退職後は遊んで暮らしておいて、独りの生活がつらくなったから子どもと一緒に住みたい……というのは、わがままでしょう。子どもと一緒に住みたいのであれば、若いうちにさっさと仕事をやめて、子どもが住んでいる場所に移って、留守番や子守をすべきです。それが、すでに述べたように、インド人のライフ・スタイルです。世界のほとんどの人々は、そういうライフ・スタイルで生きています。

会社の奴隷になり、身も心も会社に売り渡した日本人の老年が、わびしく、みじめなものになっても、それは自業自得ですよね。

まあ、ともあれ、長寿社会というのは、そのような問題をわれわれに投げかけています。そのことをしっかりと認識しておいてください。

第六章　仏教に学ぶ「あの世」の智恵

精神世界と物質世界の二つの原理

イエスはあるとき、ファリサイ派の人々から質問されます。ファリサイ派の人々はイエスを敵とみなして、彼の言葉尻をとらえて、罠にかけようとしたのです。

《先生、わたしたちは、あなたが真実な方で、真理に基づいて神の道を教え、だれをもはばからない方であることを知っています。人々を分け隔てなさらないからです。ところで、どうお思いでしょうか、お教えください。皇帝に税金を納めるのは、律法に適《かな》っているでしょうか、適っていないでしょうか》(「マタイによる福音書」22)

この質問は巧妙に出来ています。ここでイエスが、

「税金を納めることは律法に適う」

と答えれば、イエスを、地上の権力におもねることなく神の国の義を説く指導者として尊崇している民衆が、

〈なんだ、あの男も、地上の権力にへつらうごますり人間か?〉

と、彼から離れて行く可能性があります。かといって、

「税金を納める必要はない」

と言えば、彼はローマ帝国に反抗する勢力として告発される虞《おそれ》があります（当時のユダヤはローマの支配下にありました）。どちらを答えても駄目という、危険きわまる質問なのです。

イエスはどう答えたでしょうか？

彼は質問者に、税金を納めるためのお金を見せよ、と言います。そして手渡されたデナリオン銀貨を見て、この銀貨に刻されているのは誰の肖像か、と尋ねました。皇帝のものです、と彼らは答えます。するとイエスは、

《では、皇帝のものは皇帝に、神のものは神に返しなさい》（同上）

と言いました。

これがいかに機智に富んだ返答であるか、前島誠氏の『自分をひろげる生き方』を読んでよくわかりました。同書によると、当時のローマのデナリオン銀貨には、皇帝ティベリウスの胸像が刻まれています。ところが、ユダヤ教には偶像禁止令があり、したがってこの銀貨は神殿への献金には使えません。神殿に納めるには、神殿の外庭に店を出している両替屋の所で、偶像のないシケル硬貨に交換せねばならないのです。

だからイエスは、「これには偶像が刻されている。こんなもの、神殿納入金には使えない。税金用に使うよりほかないではないか？」と言ったのです。見事な質問のはぐらかしです。

まあ、それはともかく、今日イエスのこの言葉は、皇帝が支配する物質世界と、神が支配さ

れる精神世界の二つの世界があることをイエスが語ったものとされています。前島氏によると、それは深読みとなりそうですが、われわれはここでは教会的解釈に従っておきます。

さて、イエスはわれわれに、精神世界と物質世界（あるいは権力世界）があることを教え、二つの世界が異なった原理・原則で運営されていることを明らかにしたことになります。

この指摘は重要です。なぜなら、二つの世界があるにもかかわらず、わたしたちはともすれば精神世界（神の国）のあることを忘れ、物質世界だけしかないと思い、その物質世界に執着し、それを後生大事に生きているからです。まことに笑止千万の生き方です。

では、われわれはどういう生き方をすべきでしょうか？　それについて、イエスはどう言っているでしょうか……？

「神の国が近づいた」

イエスが何を宣教したか……といえば、『新約聖書』「マルコによる福音書」（1）の次の言葉が、端的にそれを伝えています。

《時は満《み》ち、神の国は近づいた。悔い改めて福音を信じなさい》

ここで〝神の国〟というのは、宇宙空間のどこかにある場所、神さまがおられる場所ではありません。そうではなくて、むしろ「神の支配」と読んだほうがよさそうです。

人間はこれまでこの世界を、人間の都合に合わせて運営してきました。「人間の都合」といえば、人間のうちには当然、強い者と弱い者がいます。あるいは勝者と敗者と呼んだほうがよいかもしれません。そして、一部の強い者・勝者が得をし、弱い者・敗者が損をする仕組みをつくること、それが人間の都合です。つまり、勝者の都合なのです。勝者がうはうはと喜べるようにするのが、この世の運営方針なんです。

だから、敗者は泣きの涙の生活を送らねばなりません。それが人間世界のあたりまえでした。でも、考えてみてください。果たして神は、そのようなことを望んでおられるでしょうか？金持ちがのさばり、貧乏人が片隅で小さくなって生きる。金持ちがカラカラと笑い、貧乏人がしくしくと泣く。そんな世界を神はつくりたかったのでしょうか？

「ノー」です。イエスはそれに「イエス」とは答えません（いえ、別に言葉遊びをするつもりはありませんが）。

金持ちも貧乏人も、健康な人も病人も、ともに幸せになってほしい……。神はそう願っておられると、イエスは考えました。

《父〔＝神〕は悪人にも善人にも太陽を昇らせ、正しい者にも正しくない者にも雨を降らせてくださる》（「マタイによる福音書」5）

だとすると、われわれ人間のこれまでのこの世の運営の仕方がまちがいでした。わたしたちはこの世を、強い者がのさばり、弱い者が泣かねばならぬように運営し、支配してきましたが、それは神の意に反する運営・支配でした。

そこで神は、われわれ人間からこの世の運営権・支配権を取り上げ、神みずからの手によってこの世を運営・支配されます。それが「神の国」（神の支配）の到来です。

では、神の国が到来すれば、この地上はどのように変わるでしょうか？　一言で言えば、《先にいる多くの者が後《あと》になり、後にいる多くの者が先になる》（同上、19）となります。ポジション（地位）の逆転が起きるわけです。

それゆえ、イエスは言います。

《貧しい人々は、幸いである、
神の国はあなたがたのものである。
今飢えている人々は、幸いである、
あなたがたは満たされる。
今泣いている人々は、幸いである、
あなたがたは笑うようになる。
……………
しかし、富んでいるあなたがたは、不幸である、
あなたがたはもう慰めを受けている。

今満腹している人々、あなたがたは、不幸である、
あなたがたは飢えるようになる。
今笑っている人々は、不幸である、
あなたがたは悲しみ泣くようになる》（「ルカによる福音書」6）

ポジションの逆転が起きれば、これまで笑っていた人が泣くようになり、泣いていた人々は笑うようになります。これまで金持ちは幸せでしたが、今度は貧乏人が幸せになります。なお、この「貧しい人々は、幸いである」というイエスの言葉を紹介すれば、
「貧しい人々ではなく、心の貧しい人々ではありませんか？」
といった指摘がよくなされます。じつは、わたしはいま「ルカによる福音書」から引用したのですが、同じような言葉が「マタイによる福音書」（5）にもあり、そちらのほうは、
《心の貧しい人々は、幸いである、
天の国はその人たちのものである》
とあります。『新約聖書』の中では、「ルカ」よりも「マタイ」のほうが先に置かれているので、多くの人は「マタイ」の言葉を記憶しているようです。それで、「心の貧しい人々」だと思っているのですね。
では、「マタイ」と「ルカ」のどちらが正しいのでしょうか？　たぶん「ルカ」――貧しい

人々――のほうがイエスの言葉に近いと思います。初期のキリスト教徒は貧しい人々が多かったので、イエスの言葉は貧しい人々の慰めになりました。ところが、「マタイの福音書」がつくられたころのキリスト教団には、わりと金持ちが多くなったのです。そうすると、明からさまに、

「金持ちは不幸で、貧乏人が幸福だ」

と言えなくなり、「心の貧しい人々」といったふうな表現になったのだと思います。

しかし、イエスが言いたかったことは、ポジションの逆転です。これまでは金持ちが幸福で貧乏人が不幸でしたが、神の国が到来すれば貧しい者が幸福になり、金持ちは不幸になります。

そして、その神の国が近づいています。イエスは、その神の国の近づきを宣教したのです。

神の国の到来はいつか？

さて、神の国が近づいたのですが、わたしたちは、

――悔い改め――

ねばなりません。イエスはわたしたちに、「悔い改めよ」と教えています。

悔い改めることは、これまでの生活を放棄することです。わたしたちはこれまで、営々と働いてきました。蓄財に励んできました。健康に留意し、怪我をせぬように気をつけてきました。

競争の勝者になろうと努力してきました。

しかし、それらは過去の生き方です。人間の都合を優先させた生き方です。そのような生き方を放棄せねばなりません。

《あなたがたは地上に富を積んではならない。そこでは、虫が食ったり、さび付いたりするし、また、盗人《ぬすびと》が忍び込んで盗み出したりする。富は、天に積みなさい。そこでは、虫が食うことも、さび付くこともなく、また、盗人が忍び込むことも盗み出すこともない。あなたの富のあるところに、あなたの心もあるのだ》(「マタイによる福音書」6)

そうイエスは言っています。われわれは地上の生活を放棄し、天上の生活を求めねばならないのです。

ということは、

《だから、言っておく。自分の命のことで何を食べようか何を飲もうかと、また自分の体のことで何を着ようかと思い悩むな》(同上)

なんです。衣食住の心配なんてしなさんな――と、イエスは言っています。そして、

《何よりもまず、神の国と神の義を求めなさい。そうすれば、これらのものはみな加えて与えられる。だから、明日のことまで思い悩むな。明日のことは明日自らが思い悩む。その日の苦労は、その日だけで十分である》(同上)

と言います。ケ・セラ・セラ(「なるようになるさ」という意味のスペイン語)ですね。非

常に楽天的です。

この楽天ぶりはどこからくるのでしょうか？

じつはイエスは、神の国の到来はそれほど遠くない未来に起きると信じていたのです。いや、すでに神の国は実現している、とさえ信じていました。日本語では〝近づいた〟と訳されていますが、原語のヘブライ語では、これはもうすでに始まっているという意味を含めた〝近づいた〟だそうです。

そうだとすると、神の国の到来は二、三年、あるいは四、五年ぐらい先のことです。たぶんそれぐらいの近い将来です。それであれば、二、三年、あるいは四、五年を、われわれはなにもあくせく働く必要はありません。その日暮らしというか、その日その日の心配だけをしていればいい。金を貯めこもうとするな！　子どももそんなにガリ勉をやる必要はありません。他人を蹴落として自分が出世しようとするな！　そんなことをすれば、すぐに神さまから叱られる。……となりますね。どうやら、このあたりがイエスの考えていたことのようです。

だから、イエスは急ぎました。人々に早急な悔い改めを迫ります。なにせ時間がありません。そのために、イエスの口調は激しくなりました。

「馬鹿者！　あなたたちは何をしているんだ!?　神の国がすぐそこまで来ているのに、あなたたちは気がつかないのか!?」

人々を激しく叱ります。

叱られて、貧しい人々、弱い人々は、イエスの言葉が自分たちを救ってくれる福音であることに気づきました。

だが、金持ち連中、社会の中で陽の当たる場所にいる人々は、イエスの言葉に怯えます。そして、怯えると同時にイエスを憎みました。あたりまえですよね、貧しい人々は失う物がありませんが、金持ちは失う物がいっぱいあります。イエスの言葉がうれしいはずがありません。イエスを憎むのは当然です。

それでイエスは、処刑されました。

ところで……。

お気づきになっていますよね。イエスの言葉は、時期に関しては予想が外れています。もっとも、教会のほうでは、明からさまに予想が外れたと言うわけにはいかないので、「神の国は到来しているのだが、その完全な実現を阻む抵抗勢力の力が強いので、まだ完全には実現していないのだ」と解釈しています。けれども、われわれとしては、イエスの予想が外れたとしておきます。

つまり、イエスから二千年たった今日でも、まだ神の国は地上に実現していません。

とすると、われわれはどう生きればいいのでしょうか……?

イエスが教えたように、「あくせく働くな!」「その日暮らしで十分」というわけにはいきませんね。四、五年ぐらいであれば、そういう生き方も許されますが、神の国の到来がいつになるかわからない状況では、われわれは地上の生き方をイエスの言葉とは別に考案せねばなりません。

ここのところに、キリスト教の弱点があるよう。

老いと闘って生きる生き方は日本人には無理

キリスト教については簡単に済まそうと思っていたのですが、そういうわけにはいきませんでした。もう少し考察をつづけます。

キリスト教の弱点は、イエスの言葉にもとづいてわれわれのこの世における生き方を確立できないことです。

イエスが教えてくれたのは、原理・原則です。

その原理・原則にもとづいて、われわれが自分で生き方を決めねばなりません。

となると、どうしてもそこに「わたしの都合」が入ってしまいます。

せっかくイエスが、これまでは人間の都合によってこの世が運営されてきたが、これからは神の支配が始まるよ——と告げたのに、その言葉が軽視されるか、場合によっては無視されてしまいます。

これがキリスト教の弱点です。すなわち、キリスト教では、人間の生き方が教義的に明確に指示されていません。人は、それぞれが正しいと思う生き方をすればよいのです。そして、他人がまちがった生き方をしていると思っても、それはわたしの解釈によって「まちがっている」と判断しただけであって、決定的にそれをまちがいとして糾弾できません。黙って見ているよりほかないのです。

そういう意味では、キリスト教は「自由」な宗教ですね。「自由」というのは、この場合、自分に由《よ》るという意味です。

ただ、キリスト教らしい、最大公約数的な生き方はあります。

それは、わたしが第二章で述べたことにも関連しますが、

――闘って生きる姿勢――

です。彼らは悪と闘い、病気と闘い、老いと闘って生きようとします。そういう姿勢が、キリスト教徒に共通しているようにわたしには感じられます。

そして、そうだとすれば、これは青年の生き方ですね。若々しい力を発揮して、常に闘いつづける若者の姿であって、絶対に老人の姿ではありません。キリスト教においては、老いはマイナス価値になります。老人になっても――人は仕方なく老人になりますが――その老いに負けてはならないのです。あくまでも老いと闘って生きることが期待されています。

したがって、われわれ日本の老人は、キリスト教に老いの生き方を学ぶ必要はなさそうです。キリスト教徒であればともかく、非キリスト教徒の日本の老人にとっては、この老いと闘って

生きる生き方はしんどいものです。無理です。そんな生き方はできません。それにキリスト教徒にしても、このような生き方が教義的に命令されているわけではありませんから、こんな生き方をする必要はないのです。

仏教の教えは「分別するな！」

そういうわけで、われわれ日本人は、老年の生き方を仏教に学んだほうがよさそうです。また仏教は、われわれに老年の生き方を教えてくれています。わたしはそう思います。

さて、仏教の教えを一言で言えば、わたしは、

——分別《ふんべつ》するな！——

になると思います。もっとも、ここでいう〝分別〟は仏教語であって、日常語の〝分別〟ではありません。

日常語の〝分別〟は、

《物事の是非・道理を判断すること。わきまえること。また、そのような能力》(『大辞林』)

といった意味です。したがって、分別のあることはいいことです。また、これを〝ぶんべつ〟と読めば、

《種類・性格などによって別々に分けること。区別すること》(同上)

という意味になります。たとえばゴミは分別回収になっています。燃えるゴミと燃えないゴミを分別して出さねばなりません。

ところが、仏教語の〝分別〟は、悪い意味に使われます。

われわれは物事の是非・正邪を判断しますが、その判断は正しいでしょうか。たいていの場合、そこには自分の都合が入っています。アメリカはイラクを「ならず者国家」と判断して、攻撃しました。しかし、それは表面上の理屈で、実際はイラクの石油資源をアメリカの都合のよいようにしたいための戦争ではないでしょうか。

また、わたしたちは、なにも分別（区別）する必要のないものを、無理に分別していませんか。百人の子どもがいれば、百人ともにすばらしい子どもです。なのにわたしたちは、子どもたちを競争させて、成績のいい子・悪い子に分別します。無用な分別ではありませんか。

それゆえ、仏教的には、分別というものは「妄《もう》分別」です。まちがった分別です。

だから、仏教は、「分別するな！」と教えます。

そして、分別しないでものを見るのが「無分別」です。〝無分別〟といえば、日常語では悪い意味（思慮のないこと）ですが、仏教においては無分別にものを見ることができるのはほとけさまなんです。そして、ほとけさまが持っておられる、そのような智慧を、

――無分別智――

といいます。わたしたちは努力して、このほとけさまの智慧である無分別智を身につけるよ

うにせねばなりません。仏教はそう教えているのです。

こんな話があります。一休さんが子どものとき、ある人に質問されました。

「坊や、お父さんとお母さんの、どちらが大事だと思う?」

そのとき一休さんは煎餅を手に持っていたのですが、それを二つに割って、

「おじさん、この煎餅、左のほうがおいしいと思う? それとも、右のほうがおいしいと思う?」

と訊き返しました。両親は両親です。なにも両親を父親・母親に分けて、「どちらが……?」と問う必要はありません。それは一枚の煎餅を二つに分別して、「どちらが?」と尋ねるようなものです。一休さんはそういうかたちで、「分別するな!」とおとなに教えたわけです。さすが一休さん。すばらしい頓智《とんち》ですね。

なんだっていいものはなんだっていい

この「分別するな!」を別の言葉で言えば、

――なんだっていい――

になります。二つのものがあって、それを分別してはいけないのであれば、二つのいずれでもいいのです。三つ、あるいはそれ以上のものがあって、それらを分別しないのであれば、ど

れでもいいわけです。だから、「分別するな！」は「なんだっていい」なんです。

だが、ちょっと待ってくださいよ。なんだっていいと言えば、本当は区別をしないといけないものまで区別しないことになってしまいます。たとえば男性と女性と、職場において差別することは許されません。これは分別するな！　です。しかし、男性用のトイレと女性用のトイレは区別する必要があります。なんだっていいとはなりません。

したがって、「なんだっていい」という言葉は、誤解を招きます。わたしたちはこれを、もう少し厳密に、

——なんだっていいものはなんだっていい——

と言い換える必要があります。それゆえ反対に、なんだっていいとは言えないものは、なんだっていいわけではないのです。

では、「なんだっていいもの」と「なんだっていいわけではないもの」を、どう区別しますか……？

わたしは、人間がその人の努力によって獲得できるものはなんだっていいわけではない、しかし、いくらその人が努力しても確実にそれが得られる保証のないものはなんだっていい——と区別したいと思います。

たとえば、普段、算数のテストなどで三十点しか取れない小学生が、努力して七十点を取りました。これはすばらしいことです。なんだっていいわけではありません。褒めてあげるべき

ことです。

ですが、その子のお母さんは、「きょうのテストの平均点はいくらだった？」と問い、「八十四点だった」という答えで、「なんだ、平均点以下だったの……？　もっとがんばりなさい」と言ったとしたら、それはお母さんがまちがっています。平均点以上か以下かは、なんだっていい、どうだっていいことなんです。平均点は他の子がどんな成績を取るかが絡んでくることで、その子の努力だけではそれをよくすることはできません。だから、それはどうだっていいことです。

同様に、大学入試で合格できるか否かも、どうだっていいのです。だって、それは他人の出来に依存していることです。会社における出世も同じ。金持ちになれるかどうかも、他人次第のことですからどうだっていいのです。

また、健康か病気かも、どちらでもいいのです。いくら努力していても、病気になるときはなるのです。

老人にはほとけの物差しを学ぶ義務がある

少し脱線しましたが、仏教の教えは「分別するな！」です。区別する必要のないものを、わざわざ区別してはいけないのです。どちらでもいい、なんだっていいと受けとめることが「無分別」であり、そのような見方のできる智恵――無分別智――がほとけさまの智慧です。

ところが、現代日本人は、分別してはいけないものを分別しまくっています。義務教育の学校で、なぜ子どもたちに点数をつけるのですか？　点数をつけることは、人間を商品とみなしているのです。奴隷じゃあるまいし……と言いかけて、考えてみれば子どもたちは奴隷にされているのですね。大企業に買ってもらう奴隷にされている。〝奴隷〟という言葉は差別語だから使うな、と言う人がいますが、馬鹿を言ってはいけません。人間を奴隷・商品にする制度はそのまま温存しておいて、〝奴隷〟という言葉だけをやめればいいというのは、まさしく欺瞞です。文部科学省が、日本の政府が、差別をつくっているのです。その差別をなくすことが大事なんです。問題をすり替えてはいけません。

子どもたちだけではありません。おとなのサラリーマンも商品化されています。つまり分別されているのです。しかし、こちらのほうは、もともと資本主義社会が労働力を商品化することによって成立しているのですから、一概に非難はできません。けれども、現代日本のサラリーマンが企業に従属し、骨の髄まで会社奴隷になっている卑屈な姿は、見過ごしにできないものです。

「そこまで卑屈になるな！　自己を商品化するのもほどほどにしろ！」

と、誰かが言う必要があります。

で、その「誰か」ですが、それはまちがいなく老人です。

世間の中にいて、世間の中でそれなりのポストを得て活躍している人間は、やはりどうしても世間の価値観でものを見ます。世間の物差しを使うよりほかありません。そうでないと、世間に通用しないのですから。

そうすると、その世間の物差しの歪みを指摘できる人間は、世間を一歩退いた「出世間人間」です。つまり老人。老人だけが現実社会を批判する権利を持っています。

いや、権利ではなしに、義務かもしれません。というのは、日本の年寄りは、いつまでも世間の中にいて、世間の価値観・世間の物差しにしがみついています。「生涯現役」だなんて馬鹿なことを言う年寄りが多くて、なかなか出世間人間になろうとしません。そんな年寄りには、世間を非難する権利もないし、能力だってありません。世間の物差ししか知らないから、別の物差しでもって批判することができないのです。

日本の老人たちは、世間の外に出て、

――もう一つの物差し――

を学び、それを若い人々に教える義務があります。年寄りがその義務を果たさないと、若い人たちがいつまでも屈辱的な奴隷的人間、商品化された人間でいなければならないのです。

そして、そのもう一つの物差しは、ほとけさまの物差しです。

ほとけさまの物差しには、目盛りがついていません。なぜなら、それは価値観を測る物差しではないからです。分別するための物差しではなく、あらゆる人間をそっくりそのまま肯定するための物差しです。

換言すれば、ほとけさまの物差しとは無分別智です。ほとけさまの智慧です。

日本の老人は、そのほとけさまの物差し――無分別智――を学び、それを若者に教える義務があります。

死んだ子を生き返らせる薬

それでは、われわれは、無分別智がどういうものかを知りたいと思います。

原始仏教経典（『法句経註』八・一三）には、有名なキサー・ゴータミーの話があります。

キサー・ゴータミーはコーサラ国の首都の舎衛城の貧しい家に生まれた女性です。金持ちの家に嫁ぎ、それゆえ実家が貧しいことを理由にいじめられていました。だが、男の子が生まれたもので、ようやく彼女も婚家で認められたのです。幸せを得ました。

しかし、その幸せも短い時間でした。突然、男の子が死んだからです。

彼女はその子の死体を抱えて、舎衛城の町を、

「どなたか、この子の生き返る薬をつくってください」

と走り回るのです。でも、誰もそんな薬をつくってやることはできません。

ところが、そこにお釈迦さまが来られます。祇園精舎《ぎおんしょうじや》から舎衛城の街に托鉢に来られた釈迦

は、半狂乱になっているキサー・ゴータミーを見て、

「女よ、それでは、わたしがその薬をつくってあげよう」

と言われました。そして、薬の原料になる芥子種《からしだね》(芥子粒《けしつぶ》という訳もあります)を貰ってくるように……と指示されました。ただし、その芥子種は、これまで死者を出したことのない家から貰って来ないといけない、と条件がついています。

彼女は家から家へと訪ねて、「おたくは死者を出しましたか?」と訊いて回りますが、死者を出さなかった家など一軒もありません。次から次へと尋ねて回るうちに、徐々に彼女の狂気は鎮まります。

そして、彼女は釈迦の待つ場所に戻りました。

「女よ、芥子種を貰って来たかい?」

「お釈迦さま、もう芥子種の必要はありません。街中のどの家も、みんな死者を出していることがよくわかりました。お釈迦さま、どうかわたしに安心の道を教えてください」

キサー・ゴータミーはそう願い出て、尼僧になりました。

では、釈迦は彼女に何を教えられたのでしょうか……?

諸行無常《しょぎょうむじょう》の真理を教えられた——。たしかにそれはそうです。人間、誰だって死にます。しかし、それだけを教わって、彼女は愛児を失った悲しみから立ち直れるでしょうか。それだけを教わったのであれば、そのときは一時的には悲しみを克服できたにせよ、また悲しみに涙を

流すことになりかねません。親子連れで歩く他人の幸福な姿を見て、

〈ああ、あの子が生きていれば、あの年なのに……〉

と、いつまでたっても悲しみが再来します。

お釈迦さまは、彼女にもっと大事なことを教えられたのだと思います。それは「無分別智」です。

「キサー・ゴータミーよ、そなたは勘違いをしている。生きている子はすばらしいが、死んでしまった子は駄目だ、と。そうではないのだよ。そんな考え方をしてはいけない。生きている子と死んだ子を分別するな！　生きている子は、生きているそのままですばらしい。同時に、死んだ子は、死んだそのままですばらしいのだよ。生きている子を殺す必要がないのと同様に、死んだ子を生き返らせる必要はない。そのあるがままに相手を肯定し、それを愛する。それが本当の慈悲なのだよ」

それが釈迦の教えでした。

生きていようと死んでいようと、どちらでもいい――などといえばまじめな読者の反感を買いそうですが、でも考えてみてください。キサー・ゴータミーの子は、死にたくて死んだのでしょうか。その子が生きようと思えば、死なずにいられたのですか。そんな馬鹿な話はありません。その子は仕方なく死んだのです。死んだその子に、「なぜ死んだ!?　生きていよ！」と言うのは、むしろ残酷です。それこそ死者を笞《むち》打つ行為です。

死んだ子を死んだそのままに愛してやることが慈悲なのですよ。
だから、生きている子は生きていてすばらしい。死んだ子は、死んだそのままですばらしい。
どちらでもいいのです——。

父母は「この世」の言葉、祖父母は「あの世」の言葉

いま、日本の子どもたちはいじめられています。学校で、家庭で、子どもたちは、「勉強しなさい」「もっと成績がよくなるように努力しなさい」「優等生になりなさい」と言われつづけています。気の安まる時がありません。

しかし、百人の子がいれば、一番から百番まで席次がつけられます。分別されるのです。その中で優等生になれということは、なれなかった子の存在価値の否定になります。現在の学校は、一番から五十番までは生きていてよろしいが、五十一番から百番までの子は死んでしまえ！ と言わんばかりの教育になっています。それは教育ではなく「狂育」だと思います。

けれども、誤解しないでください。わたしは、子どもたちに「勉強しろ」「優等生になれ」と言ってはならない——と主張しているのではありません。それを言う必要性は認めます。でも、必要性を認めることが、それを善にすることにはなりません。日本人は「必要悪」といった考え方ができない民族です。必要ならば善、悪は不必要——と思ってしまうのです。た

とえば、売春・買春は悪です。悪だから不必要と、日本人は法律でもってそれを禁じてしまいました。しかし、海外には売春・買春の必要性を認めている国があります。そういう国に行くと、日本人は売春・買春が善とされたのだと錯覚して、堂々とやってのけます。悪は悪です。悪だけど必要性が認められたのであって、やるのであればコソコソとやるべきです。日本人は必要悪ということがわかっていないのです。

学校教育における体罰だって同じでしょう。体罰は暴力であり、暴力は悪です。けれども、教育者のうちには、体罰の必要性を主張される人がいます。わたしはその必要性を認めませんが、かりに百歩譲って必要性を認めたとしても、悪は悪です。どうしても暴力を振るうのであれば、教育者は辞表を出す覚悟でするべきです。

それゆえ、「勉強しろ」「優等生になれ」と言う必要を認めても、その言葉は美化されてはなりません。その言葉は子どもたちを傷つけるものだと知っておくべきです。つまり必要悪の言葉です。その言葉がよくないものであることを、誰かが指摘せねばなりません。

では、誰がそれを言えるでしょうか？　それは「あの世」に属する老人です。

「この世」の人、すなわち社会において活躍中の人は、社会の必要性の物差しに縛られています。政治にしろ経済にしろ、社会の運営は必要か不必要かの判断にもとづいてなされるものです。悪いことだと知ってはいても、必要だとなればそれをやらざるを得ないのが「この世」です。だからこの世に属する人は、必要性だけを考えてしまいます。アメリカ人にしても、戦争は悪だと知ってはいます。が、兵器産業の要請に応えて戦争をやらざるを得ないのです。

そうだとすれば、あることがよくないことだ、悪だ、と言いつづけることのできる人は、この世を遠去かった人、「あの世」に属する老人です。老人がそれを言わずして、誰が気づいてくれるでしょうか。

だから、家庭で父母が子どもに、

「もっと努力しなさい」「優等生になれ」

と言います。そうしたら、祖父母が孫に、

「おまえのお父さんはああ言っているが、お父さんの子どものころは、学校の成績はよくなかったんだよ。腕白坊主で、困った子だったんだよ」

と言います。それで子どもは救われるのです。それが「あの世」の智恵なんです。

しかも、わが子を叱る父母だって、自分が幼いころにちゃんと「あの世」の智恵を教わっています。だから、自分が子どもに言っている言葉に、いささか後ろめたさを感じているのです。そうあるべきです。

ところが、現代日本の家庭では、祖父母までが孫に「しっかり努力しろ！」と言っています。誰も「あの世」の智恵を語りません。そういう怖しい状況になっているのに、それに気づいている人が少ない。そこに現代日本の悲劇があると思います。

「あの世」の智恵を学ぶべし

仏教が教える「あの世」の智恵は、つまるところ、

——なんだっていい、なんだっていい——

です。それがほとけさまの智慧であり、無分別智です。無用な分別をしないのです。

逆に、「この世」の智恵は、分別の智恵です。必要性に迫られて、あれこれ分別（区別）をしてしまいます。

そこで、「この世」の智恵と「あの世」の智恵をしっかりと見きわめることが大事です。ある意味での使い分けをするのです。

たとえば、優等生と劣等生——。

「この世」の必要性では、優等生のほうがいいのです。大企業はみずからの利益のために、人材として優等生を採用したい。つまり、そこでは人間は商品とされています。商品であれば、そりゃあ優秀な商品のほうがいいですよね。

しかし「あの世」の智恵によると、どちらでもいいのです。二人の子がいれば、どちらかが優等生になり、どちらかが劣等生になります。二人がともに優等生になれないのだから、どちらでもいいと言うよりほかないじゃありませんか。

金持ちと貧乏人――。

「この世」の価値は、そりゃあ金持ちがいいですよね。でも、金持ちになることばかり考えていると、この世の生活が楽しくなくなります。そうすると、金持ちになることにどれだけ意味がありますか……？

「あの世」の価値では、どちらも同じです。どちらでもいい。

健康と病気――。

どちらでもいい。それが「あの世」の智恵による見方。

「この世」の物差しでは、健康のほうがいい。だから、健康になるために一生懸命になっている人がいます。まるで健康になることが人生の目的みたいに。わたしに言わせるなら、馬鹿ですねえ。

長寿と短命――。

ギリシア神話にこんな話がありました。孝行息子がいて、母親に至れり尽くせりの親孝行をしました。それで母親はアポロン神に、

「どうかわが子に、最大の至福を授けてやってください」

と真剣に祈りました。するとその翌日、その子は目覚めなかった。安らかに死んでいたのです。わかりますか。アポロン神から見れば、人間の最大の幸福とは、若いうちに死ぬことなんです。ということは、「あの世」から見れば、長寿と短命のどちらがいいかわかりません。ど

ちらでもいいのです。

しかし、「この世」の物差しだと、長命のほうが幸福です。でも、呆け老人となって長生きするのと、元気なうちに死ぬのと、あなたはどちらを選びますか？　「この世」の物差しも、二つ、三つのファクター（因子）が混じると、どうやら正確な測定はできないようです。

若者と老人——。

もちろん、「あの世」の智恵では、どちらでもいいのです。

しかし商品価値となれば、若いほうがいいですね。でも、これも、経験を積むというファクターが加わると、断定は不可能になりそうです。


ともあれ——。

老人は「あの世」の智恵、「あの世」の物差しを学ばねばなりません。そしてそれを「この世」の人たちに教えること。それが老人の役目です。

現代日本の老人たちよ、しっかりとその役目を果たしてください。

第七章　老いを楽しく生きるには

現代日本の老人の役割・使命が見つかったところで、本書の結論も出たようです。

したがって、ここで擱筆してもいいのですが、あと一章を付け加えて、

——老いを楽しむ十の提案——

をさせていただきます。これまでに述べた原理をどのように応用すれば、老後の人生を楽しく生きられるか……を考察します。第六章までが原理篇で、本章は応用篇だと思ってください。

なお、わたしは仏教を中心に学んでいますので、ここでは仏教の考え方を基本にしています。しかし、この考え方は、キリスト教とそれほど違ってはいません。以下の〝ほとけ〟を〝神〟に読み替えても、基本的にはまちがいはないと思います。

1　出世間人間になろう

いつまでも「この世」に執着していたのでは、老人は幸福になれません。できるだけ早く、「この世」から引退しましょう。「世逃げ」をするのです。「世捨人」になるのです。

もっとも、諸般の事情で、第一線から引退できない人もおいでになります。その場合でも、

——精神的世逃げ——

をしてください。出世間人間とは山奥に引き籠るのではなしに、「この世」に対する執着を捨てることを意味します。第一線で大いに活躍していても、執着を断って精神的に「この世」から逃げ出すことができれば、立派な出世間人間です。

出世間人間の具体的なあり方ですが、その方法については第四章で述べたとおりで、

1　世間に対する無関心
2　道徳に対する無関心
3　他人に対する無関心

の三つです。この三つは相互に連関しています。われわれは、要するに、笹沢左保の『木枯し紋次郎』のせりふのように、「この世」に対しては、

――あっしには、係わり合いのないことでござんす――

といった態度を貫けばいいのです。もっとも、木枯し紋次郎はそうは言いながら、他人の難儀を見過ごすことができず、ついつい手を出して係わりを持ってしまいます。それがあのヒーローのいいところです。ですから、あなたが、

「わしは出世間人間なんや。そやから、わしは、いっさい世間と係わり合いは持たへんで……」

と言いながら、ついつい他人に対して手助けをしてあげるはめになっても、そこがあなたのいいところなんです。だから、わたしはあなたを非難しません。

肝心なことは、〈俺は出世間人間なんや……〉という自覚です。その自覚さえあれば、老い

を楽しく生きることができるでしょう。

2　ほとけの子になろう

これも、基本的には自覚の問題です。

わたしたちは、みんなほとけの子、仏子なんです。そのことは、『法華経』（譬喩品《ひゆほん》）に、

《今此三界　今、この三界は、
皆是我有　皆、これわが有なり。
其中衆生　その中の衆生は、
悉是吾子　悉《ことごと》くこれ吾が子なり》

とある釈迦の言葉によって明らかです。

〝衆生〟というのは、生きとし生けるものすべて。人間ばかりでなく、獣も鳥も魚も、蝶やゴキブリだって衆生です。あらゆる生き物が仏子なんです。

わたしたちはほとけの子であり、本当はほとけの国（仏国土）にいるはずなんですが、ちょっと里子に出されて「この世」に来ているのです。

そう自覚できれば、「この世」での人生が、それほど執着すべきものでないことがわかるはずです。そりゃあね、里子に出されたばかりの若い人は、「この世」に執着してもいい。でも、老人であるあなたは、もうすぐ故郷の仏国土に帰るのですよ。そろそろ帰省の準備をすべきで

す。

その点では、前章で紹介したイエスの言葉が参考になります。イエスは、「神の国」の到来がまもなくであると信じていました。「この世」の終わりがもうすぐだと信じていたのです。ほとけの国への帰還がまもなくであるわれわれ老人にとっては、イエスの言葉はまるでわたしたちのためのように思われますね。

イエスの言葉を、「ルカによる福音書」⑫から引用しておきます。

《「どんな貪欲にも注意を払い、用心しなさい。有り余るほど物を持っていても、人の命は財産によってどうすることもできないからである。」それから、イエスはたとえを話された。「ある金持ちの畑が豊作だった。金持ちは、『どうしよう。作物をしまっておく場所がない』と思い巡らしたが、やがて言った。『こうしよう。倉を壊して、もっと大きいのを建て、そこに穀物や財産をみなしまい、こう自分に言ってやるのだ。「さあ、これから先何年も生きて行くだけの蓄えができたぞ。ひと休みして、食べたり飲んだりして楽しめ」と。』しかし神は、『愚かな者よ、今夜、お前の命は取り上げられる。お前が用意した物は、いったいだれのものになるのか』と言われた。自分のために富を積んでも、神の前に豊かにならない者はこのとおりだ。」》

どうかあなたは愚かな老人にならないでください。あなたはほとけの子なのです。もうすぐ「この世」からおさらばして、ほとけの国に帰るのです。そのことを自覚してください。そうすれば、「この世」での残りわずかな時間の生き方が、きっとわかるはずです。

3　自分自身と仲良くしよう

あなたはあなたです。あなた以外の何者でもありません。これは明々白々な事実です。にもかかわらずわれわれは、自分自身を嫌います。〝嫌う〟という表現はちょっとオーバーに過ぎるかもしれません。しかし、ときにわたしたちは、

〈こんなわたしでなければいいのに……〉

〈もう少し明るい性格であればよかったのに……〉

と考えたりします。場合によっては、

「わたしは嫉妬深い性格なんです。わたしは、こんなわたしが嫌いです」

そう言われる人もおられます。自分自身を好きになれない人が、あんがい大勢いるんです。

けれども、それはおかしいのです。

あなたはほとけの子です。その性格は、ほとけさまが決めてくださったのです。体つきも、容貌も、運勢も、財産のあるなしも、すべてはほとけさまが決められたものです。その自分自身を嫌うということは、ほとけさまに楯突いていることになりませんか。文句を言っていることになりませんか。

いまある自分自身を好きになりましょう。あなたのそっくりそのままを好きになるのです。

あなたが嫉妬深い性格であれば、ほとけさまがわたしに、「おまえは嫉妬深くあれ」と命じられたのだと信じて、嫉妬深い自分を好きになるのです。怠け者は、その怠け者を好きになりましょう。努力家は、努力家である自分を好きになるのです。

ともかく、自分自身と仲良くしましょうよ。

もっとも、人間の性格は永遠不変ではありません。われわれは自分を変えることができます。また、変えたほうがいい場合もあります。あまりにひどい怠け者は、やはりちょっとは変えたほうがよさそうです。

けれども、自己否定をしてはいけません。

自分は駄目なんだ——。こんな自分はよくない——。そんなふうにまず自己を否定して、その上で自分を変えようとすれば、その人の人生は楽しくなくなります。なぜなら、その人は歯を食いしばって努力することになるからです。

自分を肯定し、ほとけさまが自分を怠け者にしてくださったことに感謝しながら、そういう怠け者にもできるような努力をします。そうすれば、歯をくいしばる必要はありません。

そうですね、チューダパンタカの話がいいでしょう。漢訳仏典では〝周利槃特《しゅりはんどく》〟と訳されている仏弟子です。

彼は大勢いた釈迦の弟子のうち、いちばんの愚鈍と言われた男です。釈迦が教えた教えを、どうしても暗記できないのです。そこで釈迦は彼に一枚の布を渡し、その布で来客の履《は》き物の

汚れを払うように命じられました。毎日毎日、彼は白い布を貰って、それで、

「塵《ちり》払い、塵払い」

と唱えつつ、履き物の汚れを落とすことをしました。すると、夕方にはその布が真っ黒になります。

そうするうちに、ある日、チューダパンタカは悟りを開きました。人間の心がいかに汚れているかに気づいたのです。

釈迦はチューダパンタカに、愚鈍である自分を大事にすることを教えたのです。愚鈍だから駄目なんだ——と思えば、チューダパンタカは悟ることができなかったと思われます。

なお、伝説によると、チューダパンタカを埋葬した墓に一本の草が生えてきました。その草は茗荷《みょうが》でした。だから、茗荷を食べるともの忘れをするのだと言われています。

4　他人をそのまま肯定しよう

わたしたちは、自分自身を好きにならねばなりません。そして、そのことを他人に教えてあげたいものです。「あなたは、あなた自身を好きになりなさい」と。

そうすると、わたしたちは、他人をそのまま肯定しないといけないのです。他人がいまある状態ではいけないと思っていて、どうしてその他人に、いまある状態のあなたを好きになりなさい——と教えることができるでしょうか。

他人もまた、ほとけさまが、その人がいまそのようにあるようにつくっておられるのです。その人のその姿が、ほとけさまの子としての姿です。

こんな話を聞きました。

ある人が罪を犯して、刑務所に入っています。母親が面会に来ました。

「お母さん、すみません」

囚人は母に謝ります。しかし、母は言いました。

「いいえ、お母さんはね、あなたが刑務所に入ってくれたお陰で、普通では見られない刑務所の中を見ることができました」

その言葉が、わたしを立ち直らせてくれました……と、その人が語っていました。もしもあのとき、母がわたしを叱ったら、わたしは再び罪を犯す人間になっていたでしょう……と。

そうなんです、母親から否定された人間は、悲しいものです。学校でビリになった子が救われるのは、「ビリでもいいんだよ」という言葉です。でも、こういう発言をすれば、必ず、

「では犯罪を認めるのか。刑務所に入った人間を、〝それでいい〟と肯定するとは何事か？」

といった非難が寄せられます。

しかしね、わたしは、罪を犯せ――と言っているのではありません。犯罪をする前には、「絶対に犯罪者になってはいけない」と言うべきです。ですが、すでに犯罪をやった後に、「犯罪をやるな！」と言って何になりますか。刑務所に入っている、その現実を肯定してほしいの

です。成績がビリになった子に、「ビリになってはいけない」と言って、その子はうれしいでしょうか。すでにビリになっている現実があるのですから、「ビリでいいんだよ」と言ってあげるべきです。

ともかくわれわれは、あの人のあのところがよくない。ああいうところを直さないといけない……と考えます。その人は、そのあるがままでその人なんです。ほとけさまがその人をそのようにさせておられるのです。だから、われわれは、その人をそのままに肯定すべきです。それがほとけさまの願いだと思います。

5　生き甲斐なんて要らない

フランスの実存主義の哲学者のボーヴォワール（一九〇八―八六）に、こんな言葉があります。

《人は決してどこにも到達しません。出発点しかないのです》（『人間について』新潮文庫）

ボーヴォワールは女流小説家でもあり、同じく実存主義者のサルトルの生涯の伴侶でした。

実存主義というのは、人間は目的的存在でもなければ機能的存在でもない――と主張する哲学思想です。わたしはいま、この原稿を万年筆で書いていますが、万年筆といった物は字を書く目的のために作られた物で、ペン先から少しずつインクが流れ出るような機能を持っています。だから、目的的存在であり機能的存在です。けれども人間は、そうした存在とまったく異質です。人間には何の目的もなく、また機能もありません。人間に何かの目的と機能を持たせれば、そのとき人間はロボットになってしまいます。人間はロボットではありませんし、またロボットであってはならないのです。それが実存主義の主張。したがって、引用したボーヴォワールの言葉は、実存主義の人間観をよく表現しています。

ということは、人間に生き甲斐があってはならないのです。

そもそも生き甲斐なんて、社会において甘い汁を吸っている人間が、その社会を自分たちの都合のよいよう運営していくために、人々に押し付けた勝手な目的なのです。それゆえ、われわれは、そんな欺瞞的な押し付けられた目的——生き甲斐——から自由にならねばなりません。

社会はわれわれに、やれ仕事が生き甲斐だとか、人間として生まれたからには名を残さねばならぬとか、いろんな押し付けをしてきます。五十年も六十年も生きてくれば、そんな押し付けが欺瞞であることがわかるはずです。わたしなんか戦前は、「天皇陛下のために死ね」と教わったのですが、戦後になって天皇は、「俺は神ではないぞ」と宣言しました。じゃあ、天皇を神と信じて死んだ者は犬死にですか。世の中は、そのときそのときの都合で、いろんな生き甲斐をわれわれに押し付けるものです。年寄りには、それがわかるはずです。

だから老人は、若い人たちに、生き甲斐なんて要らない——と教えてあげなくちゃ。そして、

——生まれてきたついでに生きてるだけだ——

と教えてあげましょう。これ、第三章で書いたことですね。

そういえば、仏教には、

――方便《ほうべん》――

といった言葉があります。日常語としての〝方便〟は、目的を達成するための便宜的な手段の意味に使われますが、仏教はそれとはまったく逆のことを教えています。つまり、目的・目標を持つな！　というのが、仏教でいう方便です。

〝方便〟の原語はサンスクリット語の〝ウパーヤ〟で、これは「近づく」という意味です。目的や目標に向かって一歩一歩近づいていく歩みが大事なのであって、目的・目標は二の次になります。いや、目的・目標を持っていると、われわれはどうしてもそれに捕われてしまいますから、そんなものを持たないほうがいいのです。

幼いころに聞いた、こんな話を思い出しました。

大量の糊が要るというので、牛若丸と弁慶が糊をつくりはじめました。牛若丸は少しずつ飯粒を箆《へら》でこねます。それを見て、弁慶が言います。

「大量の糊が必要なんですよ。そんな悠長なやり方では、間に合いません」

そして弁慶は、鉄の鉢に大量の飯粒を入れて、鉄棒《かなぼう》で掻き回します。

もちろん、弁慶は失敗しました。

子どものころに聞いたとき、〈だから牛若丸のやり方がいいんだ〉と思いました。おとなはそう思わせるように語ります。でも、よく考えてみたら、牛若丸が成功したとは限りません。弁慶が言うように、そんなやり方では間に合うはずがないのです。

しかし、牛若丸のやり方であれば、糊は出来ただけ次の役に立つ、という考え方もあります。だが、それだって反対のケースも考えられます。たとえば、一万個の注文を受けて、一万個に一個でも欠ければ駄目という条件がついていたとします。弁慶のやり方だと、一千個ぐらいで失敗が明らかになりますが、牛若丸のやり方だと七千個ぐらい造って失敗が判明します。すると、牛若丸のほうが六千個も余計に損をするわけです。

にもかかわらず、われわれはなぜ牛若丸のやり方をいいと思うのでしょうか……？

それは、牛若丸には焦りがないからです。

弁慶は、たぶんいらいらしながら仕事をしています。牛若丸はゆったりと、楽しみながら仕事をしています。同じ仕事をするのであれば、楽しんだほうがよいでしょう。

受験勉強もそうです。〝灰色の受験生〟と言いますが、大学に入るのは勉強したいからでしょう。なのに、いやいや勉強する。それは、目的（大学入学）にとらわれているからです。

そんな捕われを持つな――というのが方便の思想です。ゆったり、楽しくやればいいのです。

人生の生き方もそうです。目的・目標、つまり生き甲斐なんて持ってはいけない。生き甲斐があると、それにこだわって楽しく生きられません。

ともかく、のんびりとやりましょう。人生は「ついでに」生きるものですよ。

6　明日の心配はしないでおこう

ロシアの寓話作家のクルイロフ（一七六九―一八四四）の『寓話集』（内海周平訳、岩波文庫）に、こんな話があります。現代日本のサラリーマンに忠告を与えてくれる話ですから、全文を紹介しておきます。

《一匹の栗鼠《りす》がライオンに仕えていた。どんな働きぶりで、どんな仕事をしていたのかは知らないが、ともかく、その勤めぶりがライオンのお気に召したのである》

読者はこの栗鼠にご自分を、ライオンにあなたが宮仕えする企業名を当てはめてください。

《しかし、ライオンのお気に入りになることは、もちろんなまやさしいことではない。その代償として、栗鼠には荷車一台分の胡桃《くるみ》が約束されてはいたが、その間に時はどんどん過ぎていく。そこで、栗鼠は腹をへらして、ライオンの前で泣きながら歯をむき出すこともたびたびあった》

そういえばあなたも、ときには会社に楯突いたこともありましたね。

《見ると、森のあちこちで、木々の高みに友だちの姿が見え隠れする。栗鼠は目くばせするばかりだが、友だちは、そしらぬ顔でさかんに胡桃を噛《か》み割っている。しかし、われらの栗鼠は、胡桃に一歩だけ近づいて眺めるが、どうにもならない。宮仕えに呼びもどされ、仕事に駆りたてられる毎日》

この友だちというのは、定職を持たないフリーターや、のんびりマイペースでやっている若者だと思えばいいでしょう。そういう彼らに、あなたはいささか腹立ちを覚えますよね。

《そのうちに、栗鼠も寄る年波で、ライオンに飽きられてしまった。引退の時が来たのだ。栗鼠はお役御免になり、まちがいなく荷車一台分の胡桃が贈られた。胡桃はお目にかかったこともないほどみごとなものだった。いずれも粒よりの絶品だが、ただ一つまずいことがあった。それは、栗鼠の歯がとっくになくなっていたことである》

そりゃあ、そうです。定年退職後にサーフィンをやろうとしても、ぎっくり腰になるだけです。楽しみは若いうちにやらなくっちゃ……。

それよりも、クルイロフは、栗鼠がすばらしい胡桃を貰ったと書いていますが、これは今日の日本のサラリーマンには保証の限りではありません。あてにしていた退職金は、会社が倒産すれば一銭も入って来ません。そうなると、骨折り損のくたびれ儲けですよ。

ともあれ、日本のサラリーマンは明日の心配ばかりをしています。きっとイエスに叱られますよね。だってイエスは、

《明日のことまで思い悩むな。明日のことは明日自らが思い悩む。その日の苦労は、その日だけで十分である》

と言っています。馬鹿ですねえ、日本のサラリーマンは。

その点では、釈迦も同じように言っています。

《過去を追うな。
未来を願うな。
過去はすでに捨てられた。
未来はまだやって来ない。
だから現在の事柄を、
それがあるところにおいて観察し、
揺ぐことなく、動ずることなく、
よく見きわめて行動せよ。
ただ今日なすべきことを熱心になせ。
誰か明日の死のあることを知らん》（『中部経典』一三一、「一夜賢者経」）

いくら明日の死の心配をしても、ひょっとしたらわれわれは今日死ぬかもしれない。だから、過ぎ去ったことは忘れて、明日の心配をせず、ひたすら現在を生きよ——釈迦はそう教えてくれています。

そりゃあね、若いうちは未来の心配をするかもしれません。若者はたっぷりとした未来を持っているように錯覚しています。もちろん、それは錯覚であって、若者だって今日死ぬかもしれないのです。しかし、まあ、若いうちは錯覚に生きても仕方がないですね。

ですが、あなたは老人です。あといくらも時間がないのです。ならば、あまり明日の心配はしないでおきましょう。それが老いを楽しく生きる秘訣です。

7　過去のことはくよくよ考えない

釈迦の言葉にありましたね。過去を追わず、未来を願わず、と。

老人には、未来の時間はあまりありませんが、過ぎ去った時間はたっぷり持っています。「過去を追うな！」というのは、その意味では老人に向けての釈迦のアドバイスかもしれません。

では、「過去を追うな！」とは、具体的にはどういうことでしょうか……？

まず第一は、過去の失敗をくよくよ反省しないことです。

人生はやり直しがきかないのです。過去の失敗をじくじく悩んでみても、それを消しゴムで消すことはできません。だから、悩むだけ無駄です。

極端な例ですが、あなたが罪を犯して刑務所にいるとします。罪を犯した事実は消すことができないのです。その場合、模範囚になって、一刻も早く釈放されるように努力すべきだ――といった主張がなされるようですが、わたしはそうは思いません。なぜなら、それは釈迦が言う「未来を願う」ことになるからです。そうではなくて、過去を追わず、未来を願わず、現在をしっかりと楽しめばいいのです。囚人として、毎日毎日を楽しく生きるようにする。それが結果的には模範囚になっているのです。それが釈迦の教えだと思います。

貧しければ貧しいまま、一日一日を楽しく過ごせるようにします。別段、金持ちでなければ幸福になれないわけではありません。

これが「過去を追うな!」の第一の意味。

第二は、過去の自慢をしないこと。

年寄りはすぐに、古き良き時代の話をはじめます。あれは見苦しいですね。

昔のことはきれいさっぱり忘れてしまいましょう。

8 アマチュア精神に立脚しよう

わたしは大阪生れです。前述したように、わたしの子どものころの大阪人、とくに商人は、――金には頭を下げるが、金持ちには頭を下げない――

傾向がありました。もちろん、金持ちのうちにも立派な人がおり、大阪人だってそういう人を尊敬しますが、それはその人の人格を尊敬しているのです。

わたしは十八歳で東京の大学に入り、それ以後ずっと首都圏で生活していますが、上京してびっくりしたのは、東京の人々が金持ちを尊敬していることでした。いえ、江戸っ子は違います。江戸っ子は浪速っ子と同じく、威張りくさる金持ちを軽蔑しています。しかし、地方から東京に来た人々、いわば植民地人は、やけに金持ちを尊敬します。ただ金を持っているだけで。

わたしは、そうした人々の態度――拝金教徒の態度――を苦々しく思っていました。

ところが、最近になると、大阪人も江戸っ子も、金持ちを尊敬するようになりました。金持ちが金持ちであるという理由だけで、むやみと尊敬されるようになったのです。まことに嘆かわしい風潮です。それだけ日本人全体が拝金教徒になったのでしょう。

それともう一つ――

最近の日本人は、やたらと専門家（プロ）を尊敬するようになりました。これも嘆かわしいことです。

もちろん、プロ、タレントのうちにも、人格・識見ともにすばらしい人がおいでになります。そのような人を尊敬するのは当然のことです。けれども、専門家がその専門技術の故に尊敬されるのはおかしいと思います。たとえば、プロ野球の選手や監督が、彼がホームランを打つから、その監督がチームの成績をよくしたからという理由で尊敬されるのはおかしいのです。

これを言うと誤解されること必定なんですが、じつはプロという存在は本来、

――奴隷――

だったのです。古代ローマにおいては、コロセウム（円形闘技場）でグラディアトル（剣闘士）同士が闘い、またグラディアトルと野獣との闘いが行なわれ、貴族たちはそれを楽しみました。日本においても、旦那衆が自分が抱えている力士を相手のお抱え力士と相撲をとらせて楽しんでいたのです。このような力士やグラディアトルは、奴隷的存在にほかなりません。

芸術家にしても同じです。画家・音楽家・詩人たちは、貴族のパトロネージュ（引き立て）

の下で活動できるのです。その意味では、古代においては彼らも奴隷的存在であったのです。プロフェッショナルが奴隷の系譜に属するのに対して、アマチュアは貴族の系譜に属します。だから、プロが尊敬されるのはおかしいのです。ヨーロッパにおいては、現代でもこのような考え方が基本にあります。われわれ現代日本人は、いささか偏った考え方をしているのです。

そこでわたしの提案ですが、年をとればプロを尊敬することをやめて、

――アマチュアリズム――

に立脚しましょうよ。アマチュアであることに誇りを持つのです。

具体的にいえば、下手を楽しむ。あるいは、同じことですが上手になろうとしないのです。日本人はゴルフをするとき（じつはわたしはゴルフをしませんが……）、練習をしてうまくなろうとします。それがつまりはプロ意識です。アマチュアは、練習してはいけません。下手なまま楽しむのがアマチュアの特権です。

日本人はギャンブルをするとき、勝とうとしますね。あれは見苦しい行為です。勝つためならば、ギャンブルなんかしないほうがいいのです。ヨーロッパの貴族は、ギャンブルを負けるためにします。ゆっくりと負けを楽しむ。それが貴族的精神です。アマチュアリズムなんです。

本当は、若いころからこのアマチュアリズムを培っておきたかった。けれども、世の中の風潮がそれを許してくれませんでした。だからせめて老後は、アマチュアリズムに立脚しましょうよ。

若いころに奴隷的に馬車馬のごとく働いてきたわれわれは、老いの身になれば、――精神的貴族――になっていいのです。アマチュアリズムとは、じつは精神的貴族になることなんです。奴隷を卒業することです。わたしはそう考えています。

9　進歩はなくていい

孔子の門人の子貢が楚《そ》の国を旅していました。

井戸から水を汲んでは畑にまいている老人を見かけて、子貢は言いました。

「最近は井戸から水を汲む便利な道具があるのですよ。その道具を使えば、もっと仕事が楽になりますよ」

「ほう、どんな道具かね……?」

「撥《は》ね釣瓶《つるべ》といいます」

「おや、そうかい。撥ね釣瓶であれば、わしも知っている」

では、なぜ使わないのかという子貢の問いに答えて、老人はこう言ったそうです。

《機械有る者は必ず機事有り。機事有る者は必ず機心有り。機心胸中に存すれば則ち純白備わらず。純白備わらざれば則ち神生定まらず。神生定まらざる者は道の載せざる所なり》

これは中国古典の『荘子』(天地篇)に出てくる話です。

〝機械〟というのは、巧妙な構造の道具です。そんな便利な道具を使っていると、きっと機事（たくらみ）をするようになる。そしてたくらみをやっていると、必ず機心（たくらむ心）が生ずる。このたくらむ心が生ずれば、純白（汚れのない清らかな心）が失われてしまう。そして清らかな心がなくなると、神生（精神や本性）が不安定になり、道がなくなってしまう――。

この老人の言う通りです。わたしは老人の言葉を書き写していて（わたしはワープロを使えません。原稿用紙を万年筆で一字一字埋めています）、ふとアメリカ、イギリスがやったイラク戦争を考えました。戦争の兵器はものすごく進歩しています。ボタン一つで敵を攻撃できます。そうするとブッシュ大統領はたくらみ（戦争）をやりたくなり、たくらみの心が生じます。

もしも最新兵器がなかったら、アメリカは戦争に踏み切ったでしょうか。旧式の兵器で戦争をすればアメリカ兵の血も大量に流れます。またアメリカ兵がイラク兵を肉眼で見ながら狙撃するのでは、それは殺人行為であって、アメリカ兵の心に大きな傷をつくります。アメリカ人はヴェトナム戦争の後遺症で悩んでいますが、それは戦場においてアメリカ兵が「殺人行為」をしたからです。一方、アメリカ人は日本に原爆を落として何十万人も殺したのですが、それは彼らの心に傷になっていません。原爆はボタン一つで落とせるからです。

最新の兵器（機械）は人間の心を変えて機心にしてしまうのです。怖ろしいことです。

まあ、わたしたちは、文明の利器をあまり使わないほうがよさそうです。

しかし、現役の時代はそんなことを言っておれません。文明の進歩に合わせて、自分も進歩しなければ、サラリーマンは首になる心配があります。

でも、現役を引退した年寄りは、文明の進歩に取り残されていいのです。時代に遅れないようにしようとすれば、ゆったりとした心が持てなくなります。それじゃあ、老人になった意味がありません。

老人は時代遅れであるべきだ——。わたしはそう思います。そして、時代遅れであることをしっかりと自覚して、ひっそりと生きればいい。まかりまちがっても、若い人々に忠告しようとしてはいけません。若い人たちは新しい時代に生きているのですから、古い時代に生きた年寄りの忠告は役に立ちません。老人は出世間人間であるべきです。

10 がんばらない・がんばらない

〝がんばる〟といった言葉を辞書で見ますと、

《……〔「頑張る」は当て字。「我《が》に張る」または「眼《がん》張る」の転という〕①他の意見を押しのけて、強く自分の意見を押し通す。我をはる。「ただ一人反対意見を述べて——・る」②苦しさに負けずに努力する。「子供が大学を出るまで——・る」「負けるな——・れ」③ある場所に座を占めて、少しも動こうとしない。「立ち退きをせまられたが、最後まで——・る」「守衛が——・っている」……》（『大辞林』）

とあります。決していい意味の言葉ではありません。

まず①の「自分の意見を押し通す」ですが、こういうがんばりはやめたほうがいいでしょう。じつはわたし自身がこの手の人間で、だから非常に言いにくいのですが、この際、自分を棚上げにして言わせていただきます。

わたしたち日本人は、どうも他人が自分と同じ意見であってほしいと願っているようです。この点では欧米人とだいぶ違います。欧米人は、他人が自分と同じ意見であれば、そういう人と話し合ってもつまらない、意見が違うからこそ、話し合うのが楽しい……と考えるのです。ところが日本人は、自分と違う意見の持主とはうまくやっていけないと思うのです。居心地が悪くなるのです。これはむしろ親しい仲間に対して、その親近感のゆえに意見の違いが気になります。あまり親しくない者に対しては基本的には〈どうでもいいや……〉と考えていますから、それほど意見の違いが気になりません。親しければ親しいほど、何から何まで同意見になろうとします。

その結果、どうでもいいはずの細かな違いが許せず、自説を強く押す――つまりがんばる――はめになるのです。そうして、不幸なことに、友人を失ってしまいます。

若いころは、友人を失っても、また別の友人もできましょう。しかし、年を取ると、新たに友人をつくることはむずかしくなります。いや、友人がいなくてもいいでしょうが、なにも敵をつくる必要はありません。だから、①の意味でのがんばりはやめたほうがいいと思います。

できれば、自分の意見と違った他人の意見をおもしろく拝聴する、そんな心の余裕を持ちたいものです。

③のがんばりも、褒められたものではありません。電車の中でほんのちょっと腰を動かせば、お互いが楽に座れるのに、〈絶対に動きはせんぞ〉とがんばっている人がいます。そうすると隣の人も窮屈ですが、自分だって窮屈な思いをせねばなりません。

満員電車でいつも経験するのですが、駅で乗客が降りて、新たな乗客が乗って来ます。そのとき、本当に息もできないほど窮屈になっていますが、電車が動き出したとたん、少しその窮屈感が緩和されます。それは、駅に停車中は、みんなが自分の空間を確保しようとがんばっているからです。電車が動くと、電車の揺れに対してバランスを保たねばなりませんから、みんなのがんばりが消えます。そうするとみんなが楽になれるのです。

③のがんばりもよくないですね。

では、②の「苦しさに負けない」がんばりはどうでしょうか……。

とくに年寄りは、がんばってはいけません。

「年寄りの冷や水」——といったことわざがありますが、年寄りが冷水を浴びたりすれば、肺炎で死んでしまう危険があります。年寄りはがんばってはいけません。

仏教においては、

——中道——

といったことが教えられています。わたしはこの「中道」を、

——いい加減——

と言い換えています。しかし、誤解しないでください。〝いい加減〟は決して「中途半端」といった意味ではありません。たとえばお風呂の湯加減ですが、熱い湯の好きな人には熱い湯がいい加減であり、ぬるい湯の好きな人にはぬるい湯がいい加減です。ぬるま湯がいい加減ではありません。それぞれのいい加減があるのです。

若いころは、少々のがんばりも、それはそれでいい加減でした。しかし、年を取れば、やはりがんばってはいけません。それぞれの老人が自分のいい加減を見つけ、がんばらずにゆったりと生きる、それが老いを楽しむ秘訣です。

がんばらないようにしましょう。それがわたしの提案です。

あとがき

八年前、還暦を迎えたとき、句を詠みました。

還暦や　もういくつ寝ると　お葬式

しかし、あまりいい出来栄えではなく、自分でも誰かのまねのように思えてなりません。それで、ちょっと句を作り変えて、

還暦や　仏《ぶつ》の赤子《あかご》ぞ　今日からは

にして、ようやく落ち着きました。
還暦というのは〝本卦還《ほんけがえ》り〟とも呼ばれ、巷間では再び赤ん坊に戻ることだとされています。わたしは同じ赤ん坊でも、ほとけの子になろうと思ったのです。

還暦を迎えるまでになったとき、たいていの人は自分の人生を振り返って、そのあまりの平々凡々ぶりにいささか幻滅を感じるのではないでしょうか。わたしもそうでした。わたしの場合、幻滅というより、それまで生きてきた世の中に対して、ちょっとした腹立ちを覚えたのです。

というのは、わたしは人生をまじめに生きてきたつもりです。まじめに生きてきたということは、まじめに老いてきたことです。わりと世の中に対して忠実であった。にもかかわらず、その老人に対して、世の中はまるで「お荷物」のような扱いをします。老人はお荷物、厄介な存在だけれども、まあ養ってやらあ……という態度なんです。

それで、わたしは世の中をやっつけてやることを考えました。

でも、世の中はしたたかです。ちっとやそっとの闘いでは、世の中という怪物に太刀打ちできません。

が、幸いに、わたしには仏教という武器があります。

仏教は本質的に「出世間の教え」であり、世間すなわちこの世の中を馬鹿にした教えです。いや、仏教だけではなくキリスト教だって、本質的にはこの世の中を馬鹿にしています。この世の中を馬鹿にして、「あの世」という視座に立ってこの人生を考えるのが仏教でありキリスト教なんです。

これまで仏教の勉強をしてきたわたしは、その仏教を主たる武器にして、キリスト教や老荘思想などさまざまな哲学を援用しながら、老いとそのあとにくる死の問題を考えることにしました。本書は、還暦以後の八年間にわたるわたしの思索の成果です。これを武器に、多くの読者が自己の老いと死を見つめ、老いることのすばらしさ、そして死ぬことのすばらしさを発見していただければ、望外の喜びであります。

合掌

二〇〇四年十月

ひろさちや

新潮選書

仏教《ぶつきょう》に学《まな》ぶ老《お》い方《かた》・死《し》に方《かた》

著　者……………ひろさちや

発　行……………2004年11月20日
4　刷……………2008年12月25日

発行者……………佐藤隆信
発行所……………株式会社新潮社
〒162-8711 東京都新宿区矢来町71
電話　編集部03-3266-5411
読者係03-3266-5111
http://www.shinchosha.co.jp
印刷所……………株式会社光邦
製本所……………株式会社植木製本所

乱丁・落丁本は、ご面倒ですが小社読者係宛お送り下さい。送料小社負担にてお取替えいたします。
価格はカバーに表示してあります。

ISBN978-4-10-603542-5　C0314

仏像の見分け方　西村公朝　小川光三

目の前の仏像が、いつつくられたものか、あなたはわかりますか？　瞳がキラリと光れば、鎌倉時代以降の作……豊富な図版とイラストでわかり易く説く。

《とんぼの本》

禅とは何か
——それは達磨から始まった——　水上勉

中国に生れ、日本人の生き方や美意識に深い影響を与えてきた禅。始祖達磨に始まり、栄西や道元を経て一休、良寛に至る純粋禅の系譜を辿りその本質を解く。

《新潮選書》

日本人の老後　長山靖生

老人こそ時代を映す鑑である！　昔日の隠居制から今日の年金崩壊や熟年離婚激増まで、「老人文化」はどう変化したのか。その変遷にあなたの明日が見えてくる。

《新潮選書》

やさしい仏像の見方　西村公朝　飛鳥園

如来の額のコブはいったい何？　明王はなぜこわい顔をしているの？　仏像について、ありとあらゆる疑問にお答えします。ほとけさまの解説書、決定版！

《とんぼの本》

生きる智慧　死ぬ智慧　瀬戸内寂聴

またたく間の二十年の歳月、荒寺天台寺は見事復興しました。すべては桂泉観音さまのお力です——寂聴天台寺二十周年記念刊行。特別法話「縁の不可思議」CD付。

養老訓　養老孟司

長生きすればいいってものではない。けれども、欲を捨て、年をとったからこそ言えることはたくさんある。上機嫌に生きるための道しるべ。著者七〇歳記念刊行！